ALT ENGLAND

老英国

十九世纪英国见闻录

〔德〕阿道夫·布伦内克 著

王泰智 沈惠珠 译

商务印书馆
创于1897
The Commercial Press

本书德语原著1887年首次出版发行，
简体中文版据此版本译出。

猎狐

前　言

我们的近邻中，没有哪一个国家像今天的英国那样，我们对其了解是如此之少。而且，我们的同胞也很少有人去游历这个不列颠岛国，不论是出于内心的好奇，还是想了解其历史和文化。我们同英国人民原有的血缘关系，经过历史的沧桑，早已十分淡漠。我们虽仍同它保持着国家间的经济往来，但从未把海峡对岸的人们当作亲人那样敞开胸怀去接纳他们。尽管如此，维泽博士有一句名言，我们应该牢记心间："谁不想了解英国，谁就会失去认知一种独特而深邃的日耳曼精神的机会。"

凡在正常环境下考察过大伦敦的旅者，当看到它内陆的经济区，看到它的港口，看到威尔士和坎伯兰的山景，看到它的温泉浴场，看到老英国中世纪风格的大教堂，他就会认定：除了永恒罗马的意大利或者文化灿烂、城镇古老的荷兰，地球上再没有哪个国家会像英国那样有如此丰富多彩的"景观"。当然，对其风土人情的印象，还需要经过深思熟虑才能加深，因为，其中有趣的和重要的东西，在这个不列颠岛上并不锋芒毕露，不像那不勒斯海湾那样精彩夺目，也不像巴黎街头生活那样动人心弦。然而，很多作家都曾著书讲述过他们对英国的印象和评价，例如阿尔特豪斯、席勒布兰德、科尔、保利、拉文施泰因、罗登贝格、舍尔策、施莱辛格、维泽等大家，都对英国在世界上的地位及其丰富的发展史，从恺撒大帝的英伦登陆到当今慈祥女王的德政，进行过详尽和动人的描写。谁要是读过这些，他就会真诚地赞美英国人民千姿百态的生活。

本书是笔者游历老英国的见闻录。所记之范围，包括沿海的园林和皮克特瓦尔的煤矿之间的风光。笔者只想向读者介绍他的观感和体验，而并不追求教科书式的完美无缺。笔者在书中插入众多精美的版画，想借助它们尽可能生动地向读者展示大都市伦敦及经济发达的英国的面貌。笔者亲眼看到过常春藤环绕的诺曼底人的城堡、令人骄傲的宫殿、精美的花园和奢侈的海滨浴场。书中一些统计数字均来自最可靠的资料。另外，笔者要特别感谢伦敦的布洛伊尔先生和卡塞尔克鲁马赫尔博士慷慨赠予的本书使用的大量资料。

阿道夫·布伦内克（Adolf Brennecke）
1887年9月
于埃尔伯菲尔德

目　录

I　泰晤士之都的发展史 ··· 1

II　伦敦的商贸往来 ·· 12

III　伦敦的教堂建筑 ··· 18

IV　伦敦的艺术与文化 ·· 26

V　伦敦的教育、科学和媒体 ··· 35

VI　伦敦的王宫、民宅、俱乐部和公园 ·· 40

VII　伦敦的交通和桥梁 ·· 53

VIII　伦敦周边的名胜 ·· 61

IX　老英国的民间娱乐、学校和大学 ·· 68

X　英国的大教堂 ·· 84

XI　老英国的国土与社会 ·· 91

XII　英国贵族的府邸 ··· 97

XIII　乡野娱乐和海滨消夏 ·· 104

XIV　英国的煤和铁 ··· 111

XV　老英国的纺织业和金属加工业 ··· 116

XVI　威尔士和马恩岛 ·· 127

XVII　英国的浴场 ··· 140

XVIII　老英国与海 ·· 151

XIX　英国的商城和港城 ··· 157

XX　英国今天的世界地位 ··· 172

伦敦的"罗马之石"

I 泰晤士之都的发展史

人类发展的各个时期，均出现过对世界历史产生重大影响的城市。底比斯、巴比伦、雅典、罗马、卡塔戈、锡拉库萨、君士坦丁堡、格拉纳达、威尼斯、纽伦堡及千百座集权力、财富和科学于一身的城池，都曾是人间的神迹之都，为人们广为敬仰。但所有这些城市，只要它的劫数一到，就立即像卢克莱修的奔跑者一样，把"生命的火炬"交给了别人。世界历史的这种起落，证实了本·阿吉巴的一句名言："没有任何物种永远是崭新的和唯一的。"然而，无论过去还是现在，只有伦敦是独一无二的范例。走在伦敦的朱迪亚船坞和锻工街上，你就会发现，这种独一无二并不是这座城市的外观，也不是房屋森林中的生活魅力，更不是其在世界历史中的作用，而是在你心中自然产生的一种感觉：地球上没有哪个地方有如此多的人聚居在一起，也没有哪个地方像此地一样有千百条街道和千万栋房屋拥挤在一起。它的公园和港口，广场和街巷，宫殿和茅屋，以及它们的悦目、力量和完美，共同组成了这座城市的整体形象。世界上任何国家都没有哪怕是与其规模相接近的城市。理智的观察者会立即产生这样的印象：在特拉法加广场的纳尔逊纪念柱前，方圆五英里内，就可以看到人们生活的各种形态及其无穷的表象。

我们只要看一下这座大都市的发展史，就会从这些纷杂的现象中看出某些规律。我们不知道伦敦的创建者是谁，也不知道是在公元前哪个世纪开始创建这座城市。但有一点可以肯定，那就是在恺撒登陆英国南海岸（公元前55年8月）很久以前，就有凯尔特族群在泰晤士河左岸的高地上定居。那时的泰晤士河还没有筑堤修坝，幅员辽阔宽广，犹如大海一般。他们称此地为"海城"。恺撒第一次远征英岛时，根本就没有在意这个凯尔特人居住的地方，而在第二次远征（公元前54年）时，只是掠过此地，连它的名字都没有记住。不久后，是希腊的地理学家斯特拉波（公元前63年—约公元20年）提到了不列颠这个名字，说他们的商人向塞纳河和莱茵河上的货船运去粮食、牲畜、钢铁、奴隶等货物，并换回矿石、象牙、琥珀和玻璃制品。而塔西陀（罗马文学家、政治家、历史学家，公元62年—120年）则提到Londinium商贾云集和商贸繁荣的景象。此外，也有人用其他名称讲述这座不列颠首都的别样建城史。

罗马军团和英伦女王布狄卡发生激战，虽然双方各有胜负，但木结构的泰晤士城、疯狂的女王和8万不列颠子弟，最终遭到惨败而全军覆没。从此以后，伦敦销声匿迹，又过了200年才在历史上重现。在安东尼著名的公路图上，15条军路中就有7条是从伦敦出发，穿过不列颠土地，在这中间出现了Colonia Augusta和Augusta Trinobantum的名字。伦敦遗存的部分罗马"边墙"（见第1页插图，亦称"罗马之石"和"伦敦之石"），被人精心地用石壁保护了起来，而且连接在坎农大街的斯威辛教堂外墙旁。这里显然是罗马在不列颠的整个公路网的中心。

尽管如此，伦敦却从未成为入侵者的首府。当时，它的重要性远低于Verulamium和Eboracum（即现在的主教教堂城市圣奥尔本斯和诺克）。伦敦在4世纪初被一座又宽又高的塔式城墙所包围，可能在这以前它就被罗马人当作一个小行政区使用。城墙包围着泰晤士河北岸，是一座长 1.6 千米、宽 0.8 千米的长方形城池，长方形的东南角是一座城堡式建筑（可能在现在的伦敦塔处），而今天的"英国银行"正处在罗马伦敦的中央。城墙有九道城门从四方通向城外，其名称大多成了现在的伦敦街道名（例如勒德门、新门、主教门、阿尔德门等）。齐普赛街（Cheapside）下方 6 米深处即今天的城市交通枢纽，人们在此发现了很多罗马伦敦的遗迹。几英尺下面找到很多古物，证明这里的确曾有一座罗马城市存在。不仅数千枚罗马硬币，很多盆、瓶、罐、矛、砖、针、骰子、勺等物件，以及精美的马赛克地板、铜像、金手镯和小银像，直至新时代的遗物也被发现。甚至还有一座完整的罗马浴池，池中来源不明的清水，还像 1500 年前一样存放在里面。罗马人像在其他地方一样，也在不列颠土地上大兴土木，而城墙的最后遗迹，直到最近才消失不见，或被移至博物馆中。

伦敦的罗马浴池

公元 5 世纪，罗马从不列颠撤走军团。伦敦重属不列颠，但很快又成为萨克森的城市。罗马城墙仍长期决定着伦敦的容貌。中世纪初不稳定的局势，使城墙成为不可缺少之物，从而限制了城市的发展。金发的撒克逊人和盎格鲁人的伦敦由三个主要部分组成：坚固的高大建筑、修道院和穷人的房舍。前者由日耳曼的首脑及其配备长矛的随从占据，时刻准备对内和对外进行战斗。修道院中集中了修士、教堂司事和学士，因为东萨克森从6世纪就已皈依基督教。在其他房舍里，居住着真正的人民——车夫、牧人、农夫、船夫、商人和各行各业的百姓。他们和那时北方大陆城市的居民没有什么区别。在宽广的河道中，渔民正在撒网捕鱼，而来自丹麦、弗兰肯和日耳曼的船队，正在这个大岛和大陆国家间进行易货贸易。一座桥梁已在萨克森时代架在泰晤士河上，大概在今天的伦敦桥附近。它的最初造型现已无从考证，但可以肯定的是，那座桥早在1008年已用塔楼和城墙加固，把丹麦海盗拒之门外。在后来的几百年中，它的上面还修建了房屋，就像威尼斯的里阿尔托桥或佛罗伦萨的维琪奥桥一样。显然它是一座基础十分坚固的桥梁。

萨克森国王除了他的城堡，在伦敦威斯敏斯特附近还有一座行宫。早在7世纪，这里就建起一座主教堂规模的教堂。在阿尔费雷德大帝（871—901）统治下，盎格鲁-撒克逊的伦敦是个商贸和军事强国。今日伦敦塔所处的高地，和罗马时期一样，可作为驻军的城防阵地。这里在10世纪曾发生多次火灾和丹麦人入侵。10世纪末，挪威国王奥拉夫和丹麦国王斯万，曾给这座城市造成重大毁坏。萨克森国王埃塞尔雷德对丹麦移民进行大屠杀，丹麦王斯万和他的长子卡努特霸占了英国的王位。埃塞尔雷德被葬在圣保罗教堂中。卡努特的接班人忏悔者爱德华来自萨克森家族，他重修了威斯敏斯特大教堂，最后自己也安眠在里面。从他的接班人开始，不列颠的历代国王直至维多利亚女王，均在威斯敏斯特加冕。这座宏伟的教堂及旁边的议会大楼，都是重要的世界级城市建筑。即使简要地看一眼这座维多利亚式巨型楼宇，也会对它终生难忘。

盎格鲁-撒克逊人以后，来了诺曼人。他们越过大海，一举夺得了英岛的王位。黑斯廷斯战役（1066年10月14日）是世界上最重要的战事之一，因为它不仅最终更换了统治者，而且改变了居民的生活状态，甚至在比较短的时间里改变了他们的语言、建筑艺术和世界地位。诺曼人是当时最早的基督教民族。西欧海岸的所有国家，都对他们心存畏惧。他们的大军一直深入到查理大帝国土的腹地，查理大帝的继承人不得不让出一个省份，让他们在弗兰肯站稳了脚跟。他们接纳了法国人的语言和习俗，成了坚定的基督教捍卫者。这些斯堪的纳维亚人无比强大的力量加上高卢人的狂热，使得没有人能够在骑艺上超过他们。获胜的威廉大公爵在1066年圣诞节刚刚就位英国国王，就把国家的大区分配给他的伯爵和勇敢的战士们。大约有100年的时

伦敦议会大楼的维多利亚塔楼

间，诺曼人决定着不列颠的命运，抹杀了英国自己的历史。征服者威廉和他的三个继承人及所有重要部门的官员，均在法国出生和接受法国教育。直到一个来自金雀花家族的软弱的国王登基，英国的权益才又从大陆转移到岛上。将诺曼底输给了法国，被人称为"无地王"的约翰国王，不得不在1215年与英国的封建主们签署《大宪章》，保证了不列颠历届下院享有自由、财产、国籍和生存的权利。

无论对这个岛国还是对伦敦，诺曼人统治的这100年都具有极其重要的意义，尽管这座城市给后世遗留的可靠信息少得可怜。征服者威廉在城市东南方泰晤士河畔的城墙边，修建了庞大的四角形白色塔堡，他想给自己和他的诺曼贵族们准备一处避难的场所，以应对市民可能发起的暴动，因为他不相信那张用撒克逊语言写成的、今日仍存放在城市档案馆中对他权力的认可书。这座建筑之惊人之处，并不是其外貌雅致，而是其坚固和安全，4座尖塔的外墙有4.5米厚，和所有诺曼人的宫殿一样，窗户很少，而且只有一个入口。这座塔堡是伦敦最古老的大建筑之一。一直到我们的世纪，它在君王历史和监狱史上都有特殊的意义。无数国王、女王、元帅、国事活动家和其他历史上有名的人士，都在白塔堡或城堡区内的其他塔堡中被监禁受刑，大多被斩首或用其他方式处死。有名的暴君中贪吃而残酷的海因里希八世，曾在塔堡中犯下不少罪恶；年轻的女王伊丽莎白，儿时曾在塔堡中度过，后来也曾把宫廷中不止一人扔进塔堡狭窄的牢房中，有些也死于刽子手的屠刀之下。如果把塔堡和这些回忆除掉，那么英国的很大一部分帝王和文化历史，以及一大批文学作品就会消失，因为很多故事和传说都与伦敦塔堡密切相关。

诺曼人同时也是对不列颠民族性格产生影响的民族。这以后，作为一个整体的英吉利人民，才开始逐渐形成。用强制手段消除国内种族差别，为以后建设强大的国力奠定了基础。伦敦的发展史，是不列颠全国发展的一个生动缩影，因为在任何时代，首都都是全国重大事件的中心。在乔叟（英国作家）生活的14世纪，伦敦就是一座幅员广大的都城，人口约35000，"到处都是公园，就像一个大草原，种满法兰西菊花"。简陋的茅草屋紧靠着宏伟的修道院，市区狭窄街巷里的富人豪宅，其周围都是小商铺和马圈。位于郊区田野上的威斯敏斯特，通往被城墙包围的城区，要经过长长一排主教和贵族的豪华府邸，当时就有"海城"的称谓。越过查令十字街、克拉肯韦尔和霍尔本走到城外，可见牛马在吃草，挤奶少女在歌唱，耕地的农夫在吹口哨。再往外走，就会碰到拦路的劫匪，以及大批苍鹭和野鸭在沼泽地里戏耍。与此相反，越过齐普赛街，则是一片车水马龙，街上几乎每栋房子都挂着大招牌，上面画着各种动

伦敦塔

物形象，开门营业的店铺门口，庄严的商人和乖巧的学徒高声叫卖自己的商品。"英国诗歌之父"乔叟在他的《坎特伯雷故事集》中生动地描绘了伦敦1385年前后的景象。后来几个世纪的文学大师莎士比亚和画家霍格思，也都以自己的方式做了同样的事情，就像弗赖塔格为我们生动地描绘了中世纪德意志人民的生活一样。

和欧洲所有大都市一样，伦敦也是多灾多难，大火、瘟疫、暴乱都曾经肆虐过这座城市。同样，英国统治者的命运，也曾在首都中苦乐无常。具体说，海因里希八世、伊丽莎白和查理一世，虽然有时也享受辉煌兴旺大城市的发展，但有时则面临沉重的命运打击，阻碍了顺利的增长。在伊丽莎白统治下，除了民族文学有所发展和世界范围内的殖民政策开始形成以外，其暴君式的对市民权利的侵犯，变成了常态。火药阴谋、清教徒的恐惧、对新教徒的迫害都影响了经济的发展。对英国最大的劫难，发生在1666年。自从1664年开始，瘟疫就开始在全国肆虐，特别是在人口稠密的伦敦市区。这里每周有8000人死亡，结果50万人口的伦敦，竟有五分之一死于瘟疫。然而祸不单行，这场灾祸刚刚过去，因瘟疫逃亡的市民陆续回到了自己的家乡。可谁也没有想到，1666年9月1日，一个星期六的晚上，今天伦敦桥附近的一个面包店突然发生了大火，强劲的东风很快助推火势蔓延开来，火势一直向西扩展，连续烧了4天4夜，最后整个内城的六分之五和部分西郊都化成了灰烬。历史详细记载了这场空前严重的大火，13000栋房屋和89座教堂，到了9月6日，只剩下冒烟的废墟。这场大火造成20万人无家可归而流落街头。一座纪念柱不久在火灾的现场竖立起来。我们今天却可以看到伦敦的另一番景象：内城繁荣和热闹，泰晤士河上交通繁忙。只要雾气不是太低太浓，即使在晴天，目光也只能看到无穷无尽的房屋海洋。一幅灰蒙的图像，描绘房屋的屋顶、烟囱塔楼、街道和交通。我们看到的，虽然不是一幅十分愉快的画面，但也是充满阳光的春色。

对英国首都的历史起关键作用的，不是征服者的胜利（1066年），而是1666年的这场大火。人们很快就开始重建首都，人人都伸手参与建设。在不到4年的时间里，一个崭新的伦敦建立了起来。很多雄伟、舒适健康的"城内的市区"建立了起来，不再是中世纪狭窄和拥挤的房屋。为报答对祖城的强烈热爱，市民被统治者剥夺的权利，逐渐被重新恢复。新城的形象符合人民得到的自信，到了我们的时代，彻底动摇了查理二世的伦敦和威廉三世颁布的《权利法案》的根基。

精神生活和伦敦市容一次真正的繁荣，出现在安妮女王（1702—1714）统治时期。虽然也遭遇过深重的灾难——飓风曾在1703年11月26到27日给这座城市及

伦敦市长的豪华马车

河流和郊区造成不可名状的损失，但是英国在大陆战争的胜利，与苏格兰的彻底统一、宫廷生活的活跃、文学的繁荣，间接扩大了伦敦的面积和福祉。当然，伦敦的街道和交通，还不能同今日的水平相比。在 11 月 9 日传统的市长巡游活动中，城市首脑的镀金豪华马车，在狂欢节群众陪同下，只能缓慢地从海城商会大厦驶向威斯敏斯特。甚至连马尔伯勒公爵在卡米尔战役获胜后前往圣詹姆斯宫去觐见女王时，也只能乘轿前往，因为那时道路实在恶劣，沉重的车辆无法通行。直到 1762 年，伦敦才颁布了柏油路相关规定。在这之前，市民居住的街道，正如编年史上所说，就是"所有脏物和垃圾、贝壳和臭鱼、肉类和禽类垃圾"扔掉的场所。即使是主要街道如海城大道，在 1870 年由于乱建房屋，也变得如此狭窄，严重影响了交通。虽然城门和大部分城墙已于 1760 年拆除，城市的发展在各个方向得到了保证，但伦敦的人口在进入 19 世纪时，却也只有 864845，直到 1808 年才达到 100 万。从这时起，伦敦人口就不断增加。在泰晤士河右岸，即城市的东方和北方，特别是西方，出现了远远超出原来郊区的新城区。我们世纪的所有新发明，如煤气照明（1807 年）、自来水、下水道、城市铁路、马拉公交、电灯等在伦敦得到了大规模的使用。维多利亚女王 1887 年 6 月 20 日庆祝其执政 50 周年时，首都的发展达到了难以置信的程度。伦敦的人口与 1837 年相比增长了 3 倍，达到了 500 万。城市的面积也大大扩展，从中世纪罗马时期的 1.3 平方千米，扩大到 350 平方千米。

虽然一切都在增长和改变，但伦敦的"安静的主道"泰晤士河仍岿然不动。被汤姆森称为"辽阔、潇洒、深邃、尊严的众河之王"的泰晤士河，据专家的看法，原本是"高门"和汉普斯特德山丘之间的一个海湾，南临拱墙和西德纳姆村。由于伦敦的一部分区域在涨潮时低于泰晤士河水面，所以在现今的海滨城市公园处必须修建堤坝。早在罗马人驻扎时期，这一工程就不断完善，并在以后的几个世纪中反复加固。这处建于巴麦尊大臣（1784—1865）时期的超级建筑"泰晤士河堤坝"，在泰晤士河两岸的工程还远没有结束。某些家族的后代还在河边修建了世界上最美丽的沿河公路，其起点就是"维多利亚堤坝"。从威斯敏斯特到"黑修士桥"的是足有2000米长、31米宽的一条公路，蜿蜒在泰晤士河的北岸。这之前还从未有哪座世界大都城有过如此宏伟的街道和交通干线。"克莉奥帕特拉之针"（Nadel der Kleopatra）周围的环境，与此处的大河、街道和石雕栏杆相比，就显得微不足道了。如果晚上堤坝的电灯亮起，那么埃及首都赫利奥波利斯（现在的开罗）原来的奇迹，同我们时代的神奇工程相比只能甘拜下风了；很多人没有特别留意那座方尖碑，可能只是从它面前匆匆走过。维多利亚堤坝的工程始建于1864年，1870年竣工，共投资2500万马克；为购买必要的地基，又支付了900万马克，而且还占用了大河边的15公顷土地。右岸上游的艾伯特堤坝和左岸再往上走的切尔斯堤坝，与前面提到的堤坝相比，在豪华和交通方面虽略显逊色，但它们永远是整体的一部分。

在一个称为"银色泰晤士"的地方，昔日的斯宾塞、赫里克和其他诗人都曾在这里生活。这是一个到处是鲜花园地和林间小道的地方，而今天它已经成了世界大都市的一部分。再往上游走几千米，就是当时最受欢迎的诗人亚历山大·蒲柏的美丽小村特威克纳姆。出于对河岸风光的喜爱，他买下了这块庄园。绿色的草地、树林的味道、钓鱼和划船，都给诗人以创作的"灵感"，这可比大伦敦的生活好得多。由于城市内外从西到东的道路后来才修得比较好，所以国王及其随从从伦敦塔或者从白金汉宫往返威斯敏斯特时，大多走水路。河的两岸为高贵人士修建了阶梯，为普通老百姓修建了码头栈桥。所以，从岸边到河边的横街，

亚历山大·蒲柏

必须尽可能不受车辆交通的干扰。当然，贵族人士和市长侯爵都有自己豪华的"舰艇"。个别市政单位直到我们的世纪仍握有国家专用官船，在庆典活动时护送国王或者市长大人出行。"老父亲泰晤士"（伦敦人使用的这个昵称，就像俄国人的"妈妈伏尔加"一样，都是指给他们带来财富的河流）目睹了历史的某些事变，有很多辉煌也有很多痛苦。安妮·博林于1533年从格林尼治前往伦敦塔加冕，在泰晤士河上受到宫廷和人民的欢呼，却于1536年在同一条路上被刽子手带走；某些其他国家的罪犯、主教、曾加冕过的君王，在他们生命的末日，向通往大海的泰晤士河抛去了最后一瞥。直到1820年，伦敦各市区的交通，还是由3000只小船承担，岸边有1200辆马车或其他车辆等待载客。当时在泰晤士河中还有可食之鱼，数百只天鹅游弋在镜面般的水上，那时还有人在河中游泳，甚至正如拜伦勋爵在一封信中所说，有人从兰贝斯宫一直游到伦敦桥。但是，自从河上架起16座桥梁，自从泰晤士河中修了下水道，自从汽船交通每时每刻搅动着河水，这里的一切都改变了模样。而且河上的不幸事故不断发生，"老父亲泰晤士"怀中每年都有数百人丧生，尽管"泰晤士警察"采取了得力的措施，在最后时刻挽救了一些遇险者或自杀者的性命。

II 伦敦的商贸往来

钢铁和煤炭之邦英国，像世界各处一样，轨道交通已逐渐取代了水路交通。毕竟每年泰晤士河上船运货物价值超过20亿马克，有些主要的物资，如煤炭，目前是陆路和水路运量几乎相等，而进口于海外的原料，当然还是船运为主。到19世纪初，较小的船只在伦敦桥以北卸货。伦敦桥的中间部分可以打开，允许大帆船通过。而来自美利坚和印度的船只，更愿意用小船把货物运至大商人的库房，所以引起专业盗窃团伙的关注。这些贵重的货物——食糖和朗姆酒、烟草和茶叶，甚至是缆绳和船锚，都会不翼而飞。不管白天还是黑夜，货物常常是在船员的默许之下被盗。据1798年的统计，每年被泰晤士河盗贼偷窃的货物，其价值超过1000万马克；大约有11000名盗贼分摊这些赃物。为解决这个问题，人们在船坞修建了封闭式货仓。从此，世界各地的港口纷纷效仿。这以后，伦敦的商品交易集中到少数几个场地进行，人们逐渐认识到泰晤士河对商贸的意义远远超过世界其他河流。伦敦的船只前往遥远的地球各地，世界各地的产品也运往泰晤士河。从北欧和美洲国家的冰冷海岸、从炎热的东西印度、从非洲和澳大利亚港口来的船只，伦敦的封闭式货仓都为其敞开和提供热情的服务。

紧靠伦敦桥东侧，直到河道拐弯处，东南西围绕"犬岛"的泰晤士河的这个部分，自古就被称为"池塘"，一向最受人们的青睐。早在10世纪，汉萨贸易团的前身"Osterlinge"就在这里抛锚停靠，他们的"钢库"自1250年就建立在伦敦桥北侧。法律规定，"池塘"的中间必须留出大约100米宽的水道，避免船只拥堵和出现较大的交通事故。在较好的潮水情况下，常有上百艘小轮船和运煤船同时顺水而来，以求尽快卸下船上的货物。各式大小船只，在这里混为一团，显得杂乱无章，常给从东方乘船来的陌生客留下深刻的印象。

II 伦敦的商贸往来

然而，事实已经证明，泰晤士河在我们的世纪，无论是河道的宽度还是运输的方便性，都不足以满足伦敦商品交易的需要：河两岸的人造码头（船坞），已被当作永久库房使用。最早关于泰晤士河畔港口船坞的报告，来自 1665 年，里面提到了"犬岛"东北岸上"黑壁"处开始挖掘船坞和泊船码头的情况。但直到 18 世纪末，布伦瑞克船坞才真正开始投入使用。它很快就因商贸交易的扩大不够用，于是于 1804—1806 年扩大了东印度船坞。几年前早在所谓的半岛上修建了西印度船坞。同样，伦敦船坞和位于泰晤士河右岸的萨里商业船坞，也在这个时期建成。直到 1827 年，距离城区最近、紧靠伦敦塔东侧的圣凯瑟琳船坞才开始建设。为了建它，一个居民密集的相当于一个小城市的区域被拆除；它是泰晤士河畔水最深但面积最小的船坞。

到 20 年前，5 个船坞体系已经可以满足英国首都的商贸往来需要。随着各国船

伦敦泰晤士河上的运煤船

运交通的扩大而带来的贸易不断发展，使得人们不得不为满足越来越大的和现代化的需求而修建新的人造港口。1868年，在"犬岛"的剩余部分修建的米尔瓦尔船坞，把泰晤士河东西两岸连接了起来。继续往下游走，伍利奇对面的维多利亚船坞和艾伯特船坞，以其完美的外形引人注目。但最近人们发现，远洋船只通航于弯曲的满是船只的泰晤士河，确实不那么方便，而且河道和船坞的水深对满载的船只也不够用。于是，东西印度股份公司1882年在泰晤士河的左岸、格雷夫森德对面建起了宏伟的深水船坞体系。它的水面和仓储能力之大，相应的轨道交通配套，设备的革新，使这个巨型工程的完善程度，远超过世界各国的港口设施。来自印度、中国、澳大利亚和美利坚的大型轮船可以在最短的时间里把它们的货物卸入库房，或者用火车运往英国各地。

尽管修建的年代不同，所在的位置不一样，规模又大小各异（10到140公顷之间），但所有的英国船坞都有其共同的特点。通过水闸与运河相连接，有水坝在周围，水中到处是桅杆森林，多层的商品库房就在不远处，中间设有液压起重设施，堆满了各类商品，聚集成百繁忙的工人。这就是船坞图景中的主要部分。由于平均每天有150艘较大船只往伦敦运输货物，所以人们估计经常在这里抛锚的船只总数可达6000艘。仅格雷夫森德到伦敦桥之间，税收人员就有2000名，每年可收税款2.2亿马克，也就是王国所有进口税收的一半。尽管有很多机械设备，但仍有几千强壮的工人从早到晚在船坞忙碌，大部分是"失业"的男人，在这里作为搬运工赚取每日的生活费用。这也是港口异常繁忙的原因之一。船员和工人来自世界各国，他们中有中国人、非洲人、马来人、德国人、法国人、爱尔兰人、挪威人、美利坚人。各种语言都混杂在一起；船员肤色各异，服装各异；从搬运工平时的服饰可看出他们来自哪个阶层，他们的面部表情反映出的心态，犹如万花筒般多样多彩。

世界上其他任何地方都不会看到有这么多财富如此不受重视地堆积在伦敦的船坞内外。这些财富并不是黄金、白银和宝石，而是很多又大又难看的包裹，用破旧的牛皮绳捆绑着堆放在黑暗的地窖中。还有很多肮脏的箱子、发臭的动物皮革和油渣饼、怪异的黄色和褐色的长牙和内脏、一捆捆杂乱的羊毛和棉花以及一箱箱稻米和可可，散发着异味的油桶或者包装不整的靛蓝。还有很多外国木材，粗大的建筑木料，堆在港口堤坝旁边。而食糖、茶叶、咖啡、药品、香料、精品油、葡萄酒、烧酒、雪茄、烟草和宝石原料，则立即放进库房保存。每个船坞都有自己的"特产"，均根据来源国或者商品特色确定。一个建筑木料船坞，有着和烟草船坞不同的设施和空间。同样，其中的官员、搬运工和客户在不同的船坞也不相同。谁要是有酒类通行证，就可

II 伦敦的商贸往来

以在莱茵、卡普兰和波尔多的葡萄酒库漫游,尽可能远离鱼肝油、海狗皮和毛里求斯油腻的糖浆。同样,米尔瓦尔船坞的搬运工和全身蓝色的靛蓝工人,对闲逛的客人来说常常是危险的对象,一定要少和他们接触。

应该说,船坞的业务中心就是税务总局。在泰晤士河左岸伦敦桥下,有一座很气派的大楼。500 年前,这里曾建了一座同样功能的房子,但在伊丽莎白女王统治时代,它只是一栋小屋,只有 3 道门和 6 扇窗户,但当年的税收,也只有现在的四百分之一。大火以后,克里斯托弗·雷恩修建了新的税务局,但也是屡遭火灾。重建的税务局越来越大,第四座税务局仍毁于大火。面前这座税收殿堂之所以闻名世界,就在于其中一个叫"长厅"的房间。这是每一个外国船长到伦敦后首先要去的地方。他们在这里的长排窗口前向里面工作的官员申报他们船上装载的货物并领取报税单据。这里也是伦敦的批发商等候船上货物办理进口手续的地方。同样,英国自己的船只,也在长厅办理"港口贸易"手续和交纳税款。船坞的封闭库房结构也减轻了税务官员的工作负担,因为很多商品只有离开封闭库房运往零售商贩时才缴纳税款。这里要上税的主要物品有茶叶、烟草、葡萄酒和酒精类饮料。涉及非法逃税的货品将被没收。税务大厦中设有一座专门博物馆。每一季度对这些没收物品进行一次拍卖。大批腐烂的物品,如火腿、烟草、咖啡、手套等都投入"女王的烟斗"——一个高烟囱的大焚烧炉内,在相关人员监督下被焚毁。

伦敦商贸的各个部门、各行业商会都有自己的经营场所(伦敦布商大厦中的大厅见 16 页)。煤炭交易所每年提供 1.6 亿公担这种燃料,这是这座世界大都市每年的需求量。在马克·莱恩的谷物交易所,只进行粮食交易。淡水和咸水鱼类大部分在比灵斯盖特的市场里出售。在考文公园内只能看到水果、蔬菜和花卉,在斯密斯菲尔德是肉类,在哥本哈根牧场和德普福特是肉用牲畜,在利登哈尔市场是家禽和野味,在马厅是马匹和体育用品,在佩特诺斯特街是书籍,等等。由于所有交易活动的共同灵魂是金钱,因此这个巨大的实体最终冲向伦敦的金融交易中心,而这是城市的核心。银行和交易所、所有伦敦商人和世界大部分商人的心脏,都在这里激烈跳动。

伦敦要建立一个商人聚会的场所,这首先触动了伊丽莎白政府。托马斯·格雷沙姆爵士,一个聪明而慷慨的伦敦商人,看到当时繁荣的安特卫普交易所,于是决定在他的母城也建一座同样的设施。1567 年大楼建成。伊丽莎白女王 1570 年在格雷沙姆家里用过膳后,去参观了这座大楼,并在小号声中让一个传令官宣告:"此厅命名为皇家交易所,不许再有别的名称。"在它的大厅里,莎士比亚笔下的人物常常在

伦敦布商大厦中的大厅

这里显现：夏洛克（莎士比亚剧《威尼斯商人》中的放高利贷者）和安东尼奥。实际上，当时的皇家交易所只不过是一个巴扎（集市），各国和各行业在这里出售自己的商品。后来，一场大火把交易所化为灰烬。它的"接班"楼也同样遭遇大火（1838年）；当时（1844年）还年轻的维多利亚女王主持现在这座交易所的落成典礼时，也学习她的前辈发表讲话："这是皇家的愿望和我的愿望，这座大厦继续称为皇家交易所。"在伦敦的殿堂建筑中，人们不禁会想起万神庙和巴黎交易所的经典风格。其中最有意思的厅室，要算劳埃德大厅了。在这里可以看到世界水上交通的统计数字，就像18世纪初在隆巴德大街的一家小咖啡馆里有一个叫劳埃德的人所做的那样。今天则在同名的交易所大厅，交流着各国关于沉船事故、保险业和其他海事贸易的情报。这里的两册《劳埃德记事簿》中，记录着这些情报。

纯金融交易则是在附近的"股票交易所"里进行。这是一个新机构，是19世纪初在罗斯柴尔德家族的倡议下兴盛起来的，目前有1700名股票经纪人和批发商是这里的会员。这里的交易额大得令人吃惊，遇重要事件，比如滑铁卢战役胜利，可使得英国国债一天就增值15%。伦敦金融交易中，一个必要的设施就是伦敦清算所。在这里，银行家的各种兑换需求可以得到满足，而不必直接会面，所产生的差价由"英格兰银行"支付。这是世界上首个金融机构。在中世纪早期，先是犹太人，后是伦巴第人，即意大利北部的商人及金匠，办理伦敦的金融业务，有时把税务也承包下来，帮助女王渡过难关，就像过去汉萨商人做的那样。苏格兰人威廉·帕特森在1691年通过建立银行来帮助政府，提供比金匠更为可靠更为便宜的贷款。正如麦考利所说，尽管两个新成立的政党——辉格党和托利党发出愤怒的吼声，前者说统治者手中的银行就是独裁统治的工具，托利党则把银行说成是共和派的工具。尽管基本资金达到可观的2400万马克，但银行仍然面临不少困难。今天每日的平均营业额达到5000万马克，有1000名职工负责制钞、会计和出纳；同样，这座对外无窗户的建筑本身也需要扩建。来访者可以观看百万钞票、银库里储藏的金山和银山，以及巧妙的称金块的天平。印制的钞票（银行只发行新钞，用过的旧钞经过10年的使用后在监督下烧毁）中，著名人士在千元英镑上签字，单张英镑纸钞有2000万马克一张和25英镑一张的，已经流通了111年。英格兰银行也负责管理英政府的国家债务，它在9个较大城市均设有分支机构。

III 伦敦的教堂建筑

除了金钱,在英国人的生活中,宗教也占重要地位。"英格兰圣公会"是基督教新教的一派,于1562年(一说是1571年)产生于英国,并被定为国教。该教教义由39款信条组成。它的最高首脑是英国君主,由其在全国任命2名大主教和30名主教。一名大主教是坎特伯雷大主教,尊称"全英格兰大主教";在他以下是诺克大主教,尊称"英格兰大主教"。教会的年收入约为2亿马克。不仅君王、主教和修士,而且威尔士亲王、大学教授和很多显贵,特别是勋爵官员,都有权在教会任职并领取可观的俸禄。"英格兰圣公会"由于礼仪不同,分裂为高教会派和低教会派。前者主张在教义、礼仪和规章上大量保持天主教的传统,使用专用的修士服装和专用的忏悔座椅等。后者主张简化宗教仪式,去除教堂内的一切奢华。最近几十年里,天主教在大不列颠有了很大发展:现在全国已有1500座教堂和2500名神父。甚至在上议院也有28名、下议院有57名天主教神父担任议员。枢机主教曼宁为英国罗马天主教的首脑,是个积极推广天主教的斗士。除了这两大宗教外,英伦岛上还有上百个教派,其中的"救世军"最近初露锋芒,成为重要的新兴宗教组织。它并不是一个独立的宗教派别,而是接受各种信仰的人参加,并模仿军队编制行动,与酗酒现象及宗教的漠不关心做斗争。教会对一些黑暗的社会现象毫无作为。救世军的"大将"威廉·布思经在他麾下聚集了20万"军兵"(教徒),其中有3500名男女"军官"(教士)在"军营"(即赐福军的祈祷大厅)里指挥游行和聚会。而且已有不少"学员"被派往其他国家,继续扩大其影响。《小兵》和《战报》两份刊物,每周散发几十万份,救世军最近也开始训练和救赎孩子。在反酗酒运动中,伦敦提高了酒类的税收,贫民区的无数酒馆、摄政大街和牛津大街的白兰地和威士忌酒店都受到影响。区政府的税收口袋装得满满的,而"受害"的"酒鬼"的口袋、头脑和心灵却被掏空。

Ⅲ 伦敦的教堂建筑

约翰·班扬和他的乡宅

世界上没有哪个民族像英国人这样虔诚地信仰宗教。他们从小就在家庭中接受宗教教育，并在教会中认真践行，参与周日的礼拜，并在合适的场合背诵一段圣经。约翰·班扬的名著《天路历程》是一本家喻户晓的必读图书，尽管当时世上的书籍还很少。200多年前，这位来自贝德福德附近格拉斯托小村子的补锅匠的儿子，成为了所有虔诚灵魂的榜样。经过放荡的青年时代以后，他到了追求上帝助人的年龄，以英国人特有的坚强性格，战胜了一切罪恶的诱惑。然而，富有的社会阶级却毫不隐晦，说他们只是为了学习好榜样才皈依教会，特别是在农村。在伦敦甚至连这个理由都认为没有必要。小市民阶层却严格遵守周日礼拜的每一个细节。这座世界都市的公众生活，在星期日明显与平时不同。

伦敦的教堂由于修建较晚，其建筑风格和重要性都不能同其他欧洲国家的教堂相比，尤其不能和罗曼国家及其他英伦城市的中世纪教堂相比。历经数场大火，伦敦只留下了少数值得一提的教堂建筑，其中的威斯敏斯特教堂却是足以使每一个英国人对先辈的这一伟大业绩感到骄傲的圣殿。早在7世纪初，东撒克逊人在市中心以北的泰晤士河畔修建了本笃会修道院，并启用了圣彼得大礼拜堂。虔诚的忏悔者爱德华扩建了原来的建筑，他本人最后也在其中安息。800多年来，所有英国君主均在威斯敏斯特加冕，很多也安葬在此。除了国王，很多名人也在这里找到最后的归宿，或者在这

威斯敏斯特教堂中忏悔者爱德华的陵寝

Ⅲ 伦敦的教堂建筑

一圣地留下一块墓碑以被后人纪念。就像兰斯、圣母院、圣德尼和先贤祠是法国的名教堂一样，威斯敏斯特就是大不列颠王室唯一受到敬仰的圣殿。亨利二世于1220年对其进行彻底改造，使其具备了现在的基本结构。之后，亨利七世和克里斯托弗·雷恩又对它做了一些重要改造和扩建。教堂的地位也随着历史发展有所转变。英国王位上的蓝胡须骑士亨利八世把它变成了英格兰圣公会教堂，让美丽的安妮·博林在这里举行盛大的加冕典礼，这是他的其余6位夫人从未得到过的奖赏。暴君玛利亚重新恢复罗马天主教，而处女女王伊丽莎白出于对新教的虔诚或出于政治目的，再次使教会发生了改变。著名的"亨德尔艺术节"最早就是在威斯敏斯特教堂举行的。这不仅给这座上帝之殿堂增添了一些亲民倾向，而且也给君王带来崇高的辉煌。这里的最后一场演出于1838年6月8日举行。当时只有19岁的十分妩媚的维多利亚女王，也是在这里从枢机主教冯·坎特伯雷手中接受的王冠。她金发的头顶上戴着数千颗钻石装饰的王冠，身着貂皮和金色丝绒的盛装，宫廷所有大人物及其夫人均戴公爵和伯爵头冠，主教们戴主教冠，鼓号和礼炮在外面响了起来，众人高呼万岁，《上帝护佑女王》的歌声响彻广场。

威斯敏斯特内的圣彼得修道院教堂，其建筑规模虽然比不上其他教堂，但其位置、历史及其和英国文化发展的关系，却使它有着特殊的地位：它同时体现了教会、国家和王室的品位。它在建筑上的亮点，就是亨利七世的大祈祷室。这是一个哥特式的杰作，它华丽、细腻和充满艺术性的拱形棚顶，甚至可以被人们称为巨大的石质丝料或蜘蛛网。然而，它高高的群柱和尖形穹顶，以及华丽的大理石祈祷室和圆形花窗固然格外新颖，但它们给观者留下的印象却不如四周展示的墓碑。除英国君王外，还有很多著名政治家、统帅、演员、学者、慈善家和诗人，从艾萨克·牛顿到查尔斯·达尔文（死于1882年），甚至生前的敌人，如政治家皮特和福克斯，或者命运各异的两位女王玛利亚·斯图亚特和伊丽莎白，也肩并肩地埋葬在这满是灰尘的陵墓之中。那些生前统治过英国，给世界带来荣耀，为人类做出过贡献，最后在威斯敏斯特的黑暗角落里找到自己归宿的人，数不胜数，就像纳尔逊勋爵在特拉法加广场上所说的那样。

如果说圣彼得大教堂是英国供奉精神英雄的先贤祠，那么圣保罗教堂则主要是优秀战士和海员的陵寝。前者在西，后者在东，但都在伦敦的核心地区即现在的市中心。圣保罗教堂的创建者米利图斯是圣奥古斯都任命的第一任东撒克逊主教。两所教堂今天的外貌，已不再是它们原初的样子，因为圣保罗教堂已经过多次改变。它四次

威斯敏斯特教堂中的亨利七世祈祷室

Ⅲ 伦敦的教堂建筑

被大火吞噬,又一再在泰晤士河左岸同一高度重建,其圆形屋顶今天还是伦敦的重要标志,高高超出所有房屋,也高出平原和大河,但由于在近处房屋比较拥挤,无法看到这座大教堂的全貌。在大火发生以前,圣保罗教堂是个长方形哥特式建筑,带有一座据说有160米高的木质塔楼,该楼于1561年被火烧毁,大部分被拆掉。宽敞的教会中堂在莎士比亚时期是伦敦颇受欢迎的散步场所,"这是一个新式的广场,每天都有举止文雅的男士和花枝招展的女士在这里约会",J.罗登贝格在他的《英国考察旅行》中这样描述。由于此地正处闹市区,较短的横堂就成了工人们运输箱桶的通道,甚至一些驴马也从这里通行。尽管伊丽莎白禁止并惩罚"在圣保罗教堂内行车、骑马、射击和放风筝",却无济于事。1666年9月4日,一场大火袭来,将它屋顶的铅板烧毁落入附近的街道上,楼上的铁钟被熔化,火红的石板大量坠落。英国的"御用将军建筑师"克里斯托弗·雷恩勋爵(曾在新兴的伦敦修建过25座教堂)于1675年为他迄今最大的作品奠定了基础,使得圣保罗教堂变成了今天的模样。建筑师亲自看到它的建成(1710年),后死于1723年,享年91岁,怀着对同时代人不知感恩的忧虑。他的遗体被葬在圣保罗教堂,成为英雄的一员。"如果你想找一块纪念碑,看看周围就够了",雷恩的墓碑上这样写道。教堂的形状是一个拉丁式十字架,一栋两层的圆柱大厅,角上是两座钟楼,形成教堂的山墙。女王安娜的雕像柱,立在大门旁大理石宽台阶的前面。钟楼和教堂屋顶后面是一个巨大的拱顶,其上有灯笼、圆球和十字架。拱顶距地面约110米。显然,圣保罗教堂就是缩小版的罗马圣彼得教堂。除了规模,在内部的豪华装饰方面,后者当然也超过泰晤士河畔的这座新教大教堂。前者仅有几幅灰色的壁画,几扇彩色的窗户,几块马赛克和一台管风琴摆满这巨大的教堂中堂和拱顶下面的圆形地面。只是在新时代,一些权威人士才认真想到为这座伟大的新教教堂加上相应的装饰。英国两位真正的民族英雄纳尔逊和威灵顿,分别于1806和1852年被用石棺葬在它的地下墓地;对他们的纪念,使每一个大不列颠人"流下骄傲和悲伤的眼泪",因为这两位英雄在危机时刻拯救了这个岛国的世界地位。他们"在水上和陆地上"战胜了科西嘉入侵者。

英国人,特别是伦敦人的虔诚,不仅表现在他们对宗教场所的敬畏(各种宗派的教堂目前已经过千),而且也表现在他们对弱势群体精神和身体的关怀。19世纪初成立的圣经协会,每年发放300万册上帝的"话语",用250种语言和方言在伦敦印制。而更具实际效果的,却是数千家慈善机构动人的善举,是它们在努力减轻这座世界都市的苦难。在过去的世纪中,必须用强制手段控制乞讨活动的蔓延。废除修道院以

从泰晤士河看圣保罗教堂

后，在亨利八世时，成千上万的流浪者被处以绞刑。伊丽莎白女王用公共资金建立劳动营，伦敦的每一个城区向其居民征税，援助本区劳动营里的穷人。伦敦的 85000 名救济金接受者中，有一半以上在劳动营中得到救助。这种所谓的官方救援机构也受到多方的指责，认为其作为远远不够；首都的警察报告中指出劳动营房中因饥饿死亡者不在少数。但根据验尸仵作的说法，这却只是少数人的情况，1886 年饿死的只有 37 人。私人慈善事业得到伦敦官方的大力支持，每年几乎有一亿马克提供给收容所、孤

Ⅲ 伦敦的教堂建筑

儿院和医院,以及供给伙食的贫民免费学校、贫民药房和养老机构。国家把残疾人安排在切尔西的医院,无自理能力的海员安排在格林尼治医院,精神病人安排在伯利恒医院。被抛弃的儿童,则被安排在芬德灵医院。由大基金会资助的医疗设施,首先要提供给新建的威斯敏斯特桥旁的托马斯医院,一排由 8 栋殿堂式楼房组成的建筑群,还有老盖伊医院,位于泰晤士河右岸距离伦敦不远的地方。无论年代还是财富,它们都不如市中心的巴塞洛缪斯医院:多次提到的市长大人理查德·惠廷顿,从一个孤儿成长为伦敦第一人,他和亨利八世国王都是这所医院的主要赞助人。用一代人的时间发现血液循环的御医哈维卡尔一世曾在这所医院的门诊工作。在上百家慈善和救助机构中,最近比较突出的有巴纳多博士的"弃童之家"。不仅在伦敦的各个区,而且在各省都有无数慈善家,每年在街上捡拾数百名儿童,把他们从贫困和罪恶中解救出来,给他们一个美好的未来。不管是在英国还是加拿大,人们都在拯救这些世界城市的贫困者。同样,在城市东北多尔斯顿区的德国医院,这里也必须多说一句。它成立于 1845 年,是为在伦敦工作的德国工人所建,有 150 个床位,曾为我们的同胞提供免费医药卫生服务。

伦敦托马斯医院

IV 伦敦的艺术与文化

在艺术方面，伦敦很难称自己是世界一流城市。英国人似乎天生就不是优秀的艺术家。在绘画、雕塑、建筑艺术、戏剧和音乐上，它远远落后于大多数欧洲国家，特别是落后于拉丁语系国家。如果不是用昂贵的英镑把阿尔卑斯山下的大理石宝藏、欧洲的高音歌唱家与舞蹈皇后，以及所有画派的大师之作都引进到伦敦灰雾的天空之下，那么其公共画廊和豪华的贵族展厅就会空空如也了。

相对而言最少见的，是伦敦画廊中展出英国的雕塑作品。虽然皇家艺术学院在造型艺术推广上曾做过努力，比如在柏林展览（1886年）中展出了阿尔弗雷德·吉尔贝特、弗雷德·莱顿和哈莫·桑尼克罗夫特的作品，然而，像在佛罗伦萨或在德国首都所见那样真正符合美学标准的作品，在伦敦却很难见到。雷恩为纪念大火而建的"纪念碑"，以及他在特拉法加广场建立的纳尔逊纪念柱，虽然都很高大也很威严，但不论前者顶部的火把，还是高台上几乎看不清楚的海上英雄群像，都难以使人对其冠以大师的名声。肯辛顿公园南部的艾伯特纪念碑同样是设计繁杂、风格大气的建筑，它是女王和英国民众为令人难忘的女王夫君所建。他是1851年工业展览会的创始人。亲王的坐像却被巨大的哥特式石头华盖、侧旁浮雕上的上百个人物雕像及底座上巨大的象征性群体所破坏。另有无数为纪念君主、统帅和其他有功人士的纪念柱，更是毫无艺术价值可言。

英国的绘画艺术从来就不是欧洲的榜样，尽管在18世纪特别是在现代产生的某些被普遍重视的大师，展现了独特的艺术技巧。皇家艺术学院、格罗夫纳画廊、水彩画家协会和其他一些机构每年举办的展览会逐渐受到重视。当年的莱利、科普、霍格恩、雷诺兹、盖恩斯伯勒、韦斯特、钱伯斯、特纳等人，到了今天则是四十"学士"和艺术学院的"同志"，他们用画笔操纵油彩和水彩在创作。为首的是弗雷德里克·

Ⅳ 伦敦的艺术与文化

艾伯特亲王的纪念碑

莱顿爵士。他从宫廷走向人民,成了受人尊敬的最著名的英国艺术学院的院长,同时又是艺术家、交际家、演说家和研究院长。一个彻头彻尾的英国人——约翰·艾弗里特·米莱爵士,是一个优秀的风景和人物画家。斯通、霍尔曼·亨特、托马斯·劳伦斯爵士、伯恩·琼斯、韦尔·普林赛普、兰西尔、阿尔玛·塔德玛、约翰·吉尔伯特爵士、莱斯利、大卫·维尔基、马尔雷迪及上百个其他人,在新时代作为画家有了名气。在1886年夏季的柏林年度展览会上,赫伯特·赫科莫的一幅女人像,被在场的艺术家公认为当代绘画的珍珠。同样,约翰·里德、威廉·布莱克·里士满、詹姆士·惠斯勒和乌利斯,也在展览会上展出了优秀的艺术品。和大多数欧洲的画廊一样,在伦敦也经常展出古典大师的绘画作品,特别是伟大的意大利和荷兰画家的作品。为取得这些作品，几乎总是花钱的问题。在特拉法加广场的国家画廊里，在皇家的宫殿里，以及在英国贵族的私人收藏中，就有很多拉斐尔、提香、伦勃朗、戴斯、鲁本斯、牟利罗和德拉克洛瓦的作品。这些作品给所有殿堂增添了最鲜丽的光彩。在布里奇沃特、奥普斯利、萨瑟兰、赫弗特、格罗夫纳和达德利的家中，或集中或分散地摆放着这些无价之宝。

在各种艺术中，这个岛国最缺少本土根基的就是音乐；交响音乐、歌剧、音乐教师和优秀的歌唱家，几乎全部来自欧洲大陆。音乐在这里似乎是有别于其他美好事物的另一种不被理解的艺术。对于重理性、重常规的英国人来说，他们没有多余的时间去顾及音乐，尽管他们尊重音乐，也愿意花时间去欣赏它。即使平时喜欢读书写字的英国妇女，在日常生活中也不会因为出于热爱而培养自己成为高品位的音乐爱好者。在伦敦乃至其他英国大城市，甚至连一座固定的歌剧院都没有。直到不久前，英国也没有一位像样的歌剧作曲家。一些团队在著名的大陆演员协助下，在固定档期用英语演出意大利和德国歌剧，票价相当昂贵。当然伦敦也有十几家较大的音乐厅，在英国国土上演奏亨德尔的清唱剧。除了皇家音乐研究院外，也有一些其他机构促进音乐的发展（特别是教会和学校的合唱团）。最近，在威尔士亲王大力赞助下，成立了规模较大的音乐学院，它们有权颁发学位，而且除了阿尔贝特大厅以外还修建了自己的楼宇。但尽管如此，音乐女神仍然很少在英国的迷雾中露面：这里缺少其他欧洲民族追求旋律的热情、共鸣的胸腔、必要的兴趣培养，以及内心的欢愉或富有情趣的伤感。

与此相反，戏剧艺术在英国的情况却很好，几百年来诗人和演员在这里做出过卓越的贡献。在老伦敦的"小酒店""猪头""海姑娘""土耳其大头""号角"或者"米特拉"饭馆里，都可以找到莎士比亚甚至乔叟剧中的人物。很多表演艺术家在七大剧院演完下午节目以后，就到这些地方用餐和抽烟。只有剧院中昂贵的席位才可以遮挡阳光和雨水；时尚的男人甚至坐在舞台上，抽着"正宗特立尼达"的雪茄，或者用小银勺往鼻子里送鼻烟。换幕时，环球-黑衣修士（Globe-Blackfriars）剧院加演一些喜剧片段，例如诗朗诵或轻歌剧，在泰晤士河畔吸引观众。伦敦值得一提的剧院有40座，大部分在"海城"，或这条主路的附近。在宽敞的考文特公园，四月至七月演出意大利歌剧，在秋天举行廉价的园林音乐会，圣诞节以后演出哑剧。附近的德鲁里·莱恩剧院演出真正的话剧，基恩、肯布尔、巴里克、麦克里迪、福西特、特里和维斯特里斯在这里演出传统民族剧目。今天，莎士比亚的戏剧主要在吕克昂剧场演出。这

Mrs. Langtry.

兰特里夫人

个剧场的老板亨利·欧文不仅是一个优秀的演员，而且也是一名聪明的花花公子。他经常出入伦敦的高级社交场合，曾获得多种奖励。班克罗夫特夫妇率领草市剧院，而圣詹姆斯剧院领衔的则是黑尔和肯德尔两位演员。两家剧院主要演出喜剧和最新的适合伦敦观众的法国作品。在伦敦具有划时代意义的是近年来出现的兰特里夫人，她不仅有表演天才，而且在其他艺术领域也显示了多方面的才能，就像她巴黎的同行萨拉·贝纳尔一样，只不过她希腊式的美貌和身材更胜一筹。此外，英国自从莎士比亚和女王安妮后，就再也没有超级剧作家问世，当然罗伯逊、谢里登和布尔沃·利顿除外，但他们只是取得短暂的成绩。

伦敦的剧院在建筑上并不突出，没有专门的音乐厅，也没有适合展示艺术的娱乐场所。在"水族馆"，每晚有成千的观众前来，在展厅和画廊里观看喜剧演出，向芭蕾舞者、杂技演员和流行歌手们献上他们的掌声。这里玻璃缸里沉默的鱼类，只扮演次要的角色。只有皇家阿尔贝特大厅是个例外，它的舞台让人想起罗马的斗兽场。管风琴的风箱是用几台小型蒸汽机带动的。乐队席可容 1000 名歌唱家和音乐家同时演出，周围的观众席可容纳 8000 名听众。

伦敦的阿尔贝特大厅

Ⅳ 伦敦的艺术与文化

西德纳姆的水晶宫以其规模巨大而闻名于世，甚至超过世界其他城市的同类建筑。首届世界博览会（1851年）的缔造者约瑟夫·帕克斯顿用玻璃和钢铁造就了这座500米长的"巨轮"，并配有侧翼和辅助建筑。这栋大厦早在1854年就已经建成，其轻便而大胆的彩色飞檐屋顶距地面达53米，两端的水塔高达86米。由于大厦位置较高，在北塔的回廊里，人们可以俯视这座世界大都市和南郊的全貌。天气好时，甚至可以看到西边的温莎堡、泰晤士河闪光的河道、肯特的绿色田野及北方无边的房屋海洋等绝妙风光。中心的大堂包括一个可演出音乐和戏剧的舞台；在特殊情况下，可由4000名歌手演出"亨德尔音乐会"，下面可容观众万人或坐或站欣赏节目，甚至在中间空旷的回廊里游动着聆听美妙的旋律。沿着主堂的侧墙建有众多"院落"，展示着各个时代文明民族的典型建筑和名画的小型仿制品，其中包括古埃及的岩石陵墓、卡纳克的圆柱长廊、帕特农神庙的外墙、菲迪亚斯的名画、罗马斗兽场和近代的罗马广场、童话般的阿尔罕布拉宫，以及无与伦比的阿拉贝斯克的美饰和阿邦塞拉齐厅中的拱形雕塑。还有某些中世纪的优秀建筑、大理石碑，以及某些英国的垂直风格建筑模型。人们可以从中看到建筑艺术的发展。如果说这些"院落"可以起到教育作用，那么大厦的其他部分就是一些画廊和售货摊位，类似巴扎或常设展览会。在这里可以买到一切，如玩具和马车、刀具和钢琴、照相机和妇女服装。为了不使这些连在一起的"院落"和像新年市场的摊位显得单调，人们在中间修建众多彩绘廊柱和摆放大型鲜活植物加以调节。但令人遗憾的是，四条以宫殿为终点的铁路，只能运送千百客人来此。蒙蒙的灰雾，经常遮盖它拱顶的玻璃窗，使得这座宏伟的建筑给人一种压抑的感觉。水晶宫的园林、露台、游戏场和喷水池，像建筑本身一样宏伟。但如果不是上万人周日簇拥在它的喷泉、花坛和画柱旁的话，它就显得过于空旷，失去了原有的光彩。而且看来其收益情况也不理想，最近甚至有人认真考虑将其改作他用。有人希望政府把去年的殖民和印度展览长期迁移到此安家。另外，即使像伦敦这样的城市也无法同时承担两座巨型建筑，如亚历山大宫，一座位于伦敦北部同样的大楼。它建于1873年5月，建成两周后即被烧毁，后于1875年在市长主持下隆重重新开启。尽管位置优越和有很多娱乐项目可容上万人前来享受，但其经营却完全失败。此楼几年前就已关闭，园地已经出售，成了建筑工地。

在伦敦的公开展览中，几十年来，杜莎夫人蜡像馆占有重要的一席之地。它为欧洲大城市的蜡像馆和环景画廊开了先河。这位热情洋溢的女主人，生于伯尔尼，她的

伦敦西德纳姆的水晶宫

Ⅳ 伦敦的艺术与文化

第一个蜡像面具展于1780年在巴黎举行。杜莎夫人不仅在宫廷担任路德维希十六世女儿夫妇的绘画教师，而且和伏尔泰、卢梭、米拉波等名人素有往来。很久以后她才来到伦敦，1850年在90岁高龄时去世。在全新展览馆的大厅里，可以看到当代所有名人、有趣的历史人物、英国的君王、艺术家、诗人、强盗和杀人犯的蜡像，大多极其逼真。蜡像常常穿着他们的真实服装，旁边摆放着相应的配件。这种奇异的展览，很受英国人青睐。

一个民族的收藏爱好，最终能够做出什么伟大的事

杜莎夫人

业，可以从不列颠博物馆中得以证实。这是一个广泛反映不列颠人民，特别是伦敦的居民，喜爱艺术和科学的场地。根据1753年议会决议，汉斯·斯隆爵士的收藏和罗伯特·哈利伯爵的藏书成了1759年开幕时博物馆的主要展品。它受到市长、坎特伯雷大主教和下议院议长的直接关怀。随着时间的推移，馈赠和采购的藏品越来越多，以至于不得不增加新的展厅。据说由于空间有限，甚至准备把自然科学部分转移到南肯辛顿去。几年以后，人们将把其他一些部分也转移走，不列颠博物馆将失去其原有的全面和完整的特色。值得大书特书的还有图书馆。在整个伦敦没有任何其他地方会令人如此惊叹，通过天窗照明的拱形大厅里，数百名读者面对放射状排列的书架和几十万册图书。它的藏书估计有130万册，每年增加20000册。图书管理员手中有上百本目录供人查阅。这个阅览室的造价为300万马克。博物馆的年度预算高达到225万马克，还不算馈赠的书籍。毫无疑问，那些笔耕的英雄、学者和政治活动家及作家，

都把这里看成他们的第二个书房。除沃尔特·斯库、华盛顿·欧文、布尔沃、狄更斯、撒克里、拉姆是这里的常客以外，麦考利、哈勒姆及格罗特还在这里把很多资料汇集成为不朽的精神财富。不仅是基佐、梯也尔和路易·菲利普，而且塔沃尔和加里博尔迪也在这个拱形大厅中研究过历史的原始资料。

在阿尔贝特亲王倡议下，于1857年为促进实用艺术的发展而建立的南肯辛顿博物馆，就其品位看，完全可以与不列颠博物馆相媲美。它的展厅中摆满油画、绘画和贵金属首饰，这里集中了各式各样的艺术品——象牙、玻璃、陶瓷、珐琅和青铜。除了全面的收藏，版画、照片、素描、建筑设计和艺术史内容的图书，也给年轻艺术家提供了学习的机会。这个多功能艺术博物馆中还有一个独立的部分，即印度展厅。它丰富的藏品中有宝石、金器、武器、披肩、雕塑和刺绣等精品。这个"印度宝藏"的大部分来自印度贵族向女王和威尔士亲王的馈赠。

V 伦敦的教育、科学和媒体

和艺术一样，英国科学的总部也是伦敦。1663年成立的"皇家协会"，相当于欧洲其他国家首都的"科学院"，其成员有不少值得骄傲的人物——贝勒、牛顿、法拉第、图克、赫歇尔、戴维、富兰克林、卡文迪许、斯隆等。痘斑疫苗、电力应用、现代星象、光学理论和当今科学的一些主要学科，都被其成员或者有所发现，或者掌握了其真谛，或者加以利用。科学院1665年在其年会上发表的163部论文，涵盖了当代科学的重要项目。

个别科学领域的研究机构，如地理、化学、地质、考古、天文和林内氏系统，均设立在柏林顿宫，一座位于皮卡迪利大街上的大厦中。皇家协会把自己的特殊任务放在实用方面，特别是用于工商业。它举办的大课吸引了许多听众。一些名人如戴维、法拉第、欧文、赫胥黎、廷德尔都曾在这里有过跨时代的发现，他们的发现也从这里传播到远方。伦敦最古老和最有名的科学协会是亨利八世创建的医生学会，它有权颁发医学学士证书。同样，皇家园林和植物学会及动物学会，尽管成立较晚，但也很受欢迎。当然，劳动阶级几乎全部被排除在这些科学爱好之外，因为连逛动物园也需要购票，到了星期天就只有股东和他们的亲友才能进园。与此相反，工人教育机构却为下层成年人提供免费深造的机会。

伦敦的学校教育每年由地方公共财政补贴约合200万马克的经费，某些学校也接受慷慨的捐赠。公共图书馆也遍布各地。但首都的民营教育却不比其他大城市和农村郡县好多少。由于尚无强制性普及教育的法令，尽管理论上伦敦已经存在类似法令（伦敦的国民小学目前有30万孩子就读），文盲的人数要比西、北欧文明国家多许多，目前伦敦不识字的人至少占人口的10%。公立初等学校教育由市政当局负责，由国家教育委员会领导。较高等的学校，国家基本不管，因为这属于私人领域，或由基金会及合作者联合兴办。学费按照德国的概念看很高，而且学生大多和教师住在一起，因为学校大多位于市郊。较大的学校中，实际只有伦敦城市中学（City of London School）留在了城内，就在恩班可门特路口皇家宾馆附近的一座新楼中。值得注意的是，平时很讲实际的英国人，虽然对人文中学生照料有加，却和德国的人文中学不同，极其忽视教学内容。只是在个别情况下，拉丁学校（文法学校）才设有实科班级。一般情况下，初等学校或较高等中学的男孩直接进入职业生涯。父母有钱的学生从一开始就进入拉丁学校或学术性职业。对于中低阶层来说，进入科学职业几乎是一种奢侈，所以他们也不懂得"天赐的知识乐趣……希腊缪斯的气息和宇宙低沉的旋律"。当然，我们的"诗人和思想家"所享受的所谓"经典教育"，大多是通过考试才得到的。"时间就是金钱"这句常用的谚语，首先就损伤了英国人的精神源泉：对其他民族的语言、文学和历史，对内心的艺术追求，除了业余爱好者、上层少数人和专业人员，普通英国人在生活中是没有时间的——主要是这些没有实际用处，他们是不会去学习的。

伦敦当然也有大学，或称为大学的两所教育机构。两者都是新贵。大学学院（College，开始时称为"伦敦大学"）是 1826 年为促进精密科学和现代教育发展，在布鲁厄姆爵士的倡议下作为股份公司成立的。该大学学院成立的宗旨是"提供学生负担得起的文学和科学教育"。为同非宗教领域保持平衡，人们又建立了国王学院和一所神学院。又过了几年，"伦敦大学"就开启讲授大课展开了学术竞争。1869 年，议会通过决议，让几个竞争对手合并：国王学院和大学学院依旧教授法学、医学、哲学和艺术，伦敦大学则变成一个考试机构，有权颁发学位，并监督伦敦和其他地方的高等学府，彻底摆脱了牛津和剑桥的管辖。考试委员会中有专家名人参加，每年两次对 1600 名考生进行考试。1870 年在女王主持下隆重启用的大学校楼，是按照意大利宫殿风格兴建的，属于伦敦的豪华建筑之一。

如果说英国还有文学的话，那多少是受到伦敦的影响。为数不多的、有些名气的作家、诗人和戏剧家，不自觉地受到这座世界都市的地缘和社会影响。起初，这些同道在咖啡馆和小饭店里聚会，后来有了自己的俱乐部。早在 18 世纪初，那个时代的所有名人都往来于乔纳森·斯威夫特的"蹩脚文人俱乐部"里，直到它由于政变而解散。"小绒猫俱乐部"里不仅聚集了公爵、伯爵和有名望的诗人，而且还有不少爱迪生的爱好者；御用画家戈特弗里德·科尼勒爵士等创作的肖像，现在还完整保存着。后来的"文学俱乐部"中，除了有地方的名艺术家如演员大卫·加里克和画

V 伦敦的教育、科学和媒体

家乔舒亚·雷诺外，还有塞缪尔·约翰生博士、奥利弗·哥德史密斯、埃德蒙·伯克、吉本、哈勒姆、谢里登、坎宁、布鲁厄姆爵士、卡尔·斯坦霍普及麦考利等名家，但只是到了19世纪中期，我们时代的"雅典俱乐部"才把所有英国人都聚合了起来。"雅典俱乐部"的成员名单，真可谓英国文学史的一部最新索引。

与伦敦关系密切的作家当中，狄更斯、萨克雷和卡莱尔对英国人产生过较大影响，其作品如实地反映了伦敦的面貌和伦敦人的性格。卡莱尔在伦敦生活了半个世纪，但其作品更多地应属于全人类。萨克雷主要关注上层社会，而狄更斯对市民阶级和下层人民阳光与黑暗的描写是大师级的：弱者在大人物面前的卑躬屈膝，强者对待小人物的飞扬跋扈；今日之勤劳作业，明天的豪华奢侈，忽而可怜，忽而沉默不语；表面是崇敬上帝，暗中却隐藏污垢。在他丰富而深刻的感情世界里，狄更斯创造了"约翰·布尔"式的典型人物——匹克威克。他的经历在读者面前展现了一个忠于现实，同时丰富多彩的英国人性格的典范。萨克雷却相反，他是用讽刺和幽默的说法跟踪"社会的迷途"，从未陷入当前法国式的道德湿滑的小道。他的《名利场》中的各个人物都有鲜明的形象。这本书之所以有价值，在于它反映了人类虚荣心的真实状态，尤其是伦敦上流社会的伪善。更具毁灭性的，是诗人小说家卡莱尔谴责当代精神世界的悲惨。对他来说，需要的不是便宜的棉花和高速的铁路，而是"诺瓦里斯的上帝、自由和永生……"，世上有比幸福更高的东西，即对责任、上帝、"永恒真理"的热爱。在老哲学家深邃而悲伤的脸上，有着清教徒的特色，隐藏着他对这座城市无望行为的愤怒，另一方面，他又用热情的话语赞扬美好的理性。这个负责任的警告者，是平庸的敌人，是虚伪的藐视者，是人类伟大的赞赏者！确实，伦敦没有能说会道的律师，在这个物质为上的500万人口的都市，承担为精神和道德利益辩护之责的只有托马斯·卡莱尔。这个"切尔西的智者"替它伸张正义！他的一尊立像，就耸立在伦敦西郊他长期工作过的地方。

查尔斯·狄更斯

托马斯·卡莱尔

我们这个世纪中文字活动的很大一部分表现在报纸和杂志上。全英国出版的约2000种报纸中，有五分之一在伦敦发行。政治家、学者、诗人、专家、作家和记者每日向报纸提供着素材。对报纸审查的取消、费用的降低和"报纸闪电快车"的使用（1876年）（伦敦的新闻报纸可以在清晨就送到各省份），使首都的新闻事业有了巨大发展。虽然每日发行的报纸种类（18种）不如更小的柏林（33种）多，但其政治大报早晚各一期，发行总量却超过德国报纸的总发行量。《每日邮报》和《卫报》发行量为25万份，就连《泰晤士报》以其16—24对开版面，发行量也达10万份。英国报纸，特别是小报，只在特殊情况下才报道国外消息，其报道的重点是"各省"和"地方"新闻，大多是幽默的故事和可笑的广告，很少有长篇小说。灵巧和尖嗓音报童的叫卖，是"发行"的主要手段。《泰晤士报》是约翰·沃尔特于1785年创办的。它是伦敦及英国，甚至是全世界有影响的报纸。现在的主编是资深而谨慎的巴克尔先生，他与资深出版人沃尔特先生联合运作，有意回避党派倾向，即使有所倾向也就是随着主要风向左右逢源而已。劳森先生的《每日邮报》为格莱斯顿（1809—1898，曾任多届英国首相）的政治观点助威。此报由于销量巨大，目前是世界上最普及的报纸之一。报纸的主人曾资助专家去亚述和非洲（斯坦利）考察，他们的考察报告又提高了该报的发行量。《卫报》在芒福德领导下拥护托利党（保守党），它的文学新闻和报道当时无出其右者。原来由狄更斯

Ⅴ 伦敦的教育、科学和媒体

创办的《每日新闻》通过对战场的详尽报道，老保守党的《晨邮报》通过对宫廷生活的描绘，《每日记事报》通过对工人情况的报道，均获得了很多读者。

除日报以外，伦敦创办的各家周报也深受读者的青睐。为首的是高雅的《观察家报》。《雅典报》《观察报》《学院报》《帕尔·马尔报》《星期六周报》和《圣杰莫斯报》主要是因其文学内容而出众。画报实际是在伦敦"发明"的：1842年首先出版的伦敦《新画报》引致《巴黎画报》《莱比锡画报》《书画报》和无数类似刊物出版。伦敦的两家重要刊物《新画报》和《书画报》，也不总是发表艺术图片，用纯"英国"方式表现其不同的价值观，而且也根据读者的要求迅速反映世界事件，因而取得极大的成绩，其圣诞节版和特刊版复印优秀的艺术作品，尤其受欢迎。

同样，幽默画报和时尚专刊（如一些月刊和季刊）部分是严肃的内容，部分是单纯的娱乐，其传播规模也不比日报差。英国人很喜欢阅读，报纸在英国人民的精神生活和政治生活中的影响不容小觑。报纸的种类较少，立场较中立，特别是由于经济上比较独立，这里的媒体确实代表着一种权力，不论大小，它们都以自由和完善的形式服务于人民的意志。不仅是职业作家，文学和科学名人也在日报上发表自己的观点，从而大大提高了这些报刊的声誉。英国著名诗人特尼森勋爵，受人尊敬的多面手布朗宁，多才多艺的马修·阿诺德，文化史和历史学家金莱克和弗劳德，万事通劳伦斯·奥丽芬特，深受女人青睐的作家奥古斯塔斯·黑尔，号称紫罗兰女神的辛格尔顿女士，广受青睐的亨利·拉布谢尔，社交家阿尔杰农·博斯维克爵士，爱尔兰人贾斯廷·麦卡锡，甚至资深的国会议员和政治活动家，如约翰·莫利、舍布鲁克爵士、威廉·哈考特爵士、伦道夫·丘吉尔爵士及很多政界人士，都不忌讳在日报上发表他们的看法和思想成果。

Ⅵ 伦敦的王宫、民宅、俱乐部和公园

英国的所有政党均承认由宪法制约的王室为国家元首，王室则承认议会和人民应有的权利，因而也享受普遍的爱戴。"国王对每个不列颠人，都是一切权力和尊严及老英国光辉的具体代表，一切人间福祉和仁慈的源泉。"几百年来，伦敦这个国王和议会所在地，和其他国家首都不同，更突出它是国家的最高代表。内城是它的"心脏"，威斯敏斯特区是它巨大身躯的"头"，其他各城区则是身躯的其他部位。原因很简单，几乎所有大商号的总部都坐落在内城，世界的财富都向这里流去，然后从这里再流向各地。威斯敏斯特区则住着女王、亲王、大臣和帝国的大人物，这里聚集着所有为国家和殖民地创造福祉的群体。

英国国王加冕和部分英国国王安葬的威斯敏斯特教堂旁，是在泰晤士河中映出倒影的、约300米长的哥特式议会大厦。大厦到处是石雕装饰、尖塔和画柱。"钟楼"和世界上最高的四方形维多利亚塔楼，以及沿河的宽阔鹅卵石露台，使这座长方形大厦更加雄伟壮观。它的入口是建于13世纪的威斯敏斯特大厅，在老议会遭遇火灾（1834年）时有幸得以保存。它那饰满雕刻的天花板，无支柱支撑，跨度达21米。此厅在英国历史中曾留下某些值得注意的篇章，特别是一些重要的司法案件和国家公讼案件。今天的司法问题已经转移到原来的巴尔神庙中办理。可以想象，大厦内部的厅室（大约有1000间）均坚固实用、豪华奢侈，毕竟投资高达6000万马克！上院的会议厅是典型的非教堂式晚期哥特风格，光辉灿烂，到处是族徽、彩色的窗户、雕像和壁画及高贵的座椅。下议院议员的房间却相反，室内甚至没有足够的坐席供给658名议会议员使用。其他设施却很齐全，例如供人游走的大厅、图书馆、餐厅和茶室、厨房和地窖等。议会开幕时，为显示皇家的奢华，却有足够的空间供人使用。

女王及其家庭成员居住的宫殿，不能与其他大国王室的宫殿相媲美，在世界上

Ⅵ 伦敦的王宫、民宅、俱乐部和公园

千百座其他大建筑中几乎不值一提。但女王只在个别情况下才在首都停留，一年的大部分时间都住在温莎堡或苏格兰的巴尔莫勒尔堡或奥斯本宫。这种与外界隔绝的生活，很少被宫廷庆典、国事访问和政府行为所打断。数百万臣民，甚至连伦敦人都鲜有一见女王尊容的机会。有人甚至断言，如果女王亡故，而真相被她周围少数人巧妙地隐瞒，那么英国国家机器仍可以长期运转而丝毫不受影响。尽管如此，女王绝不是一个政治上无足轻重的人，她在位的时间之久，足以证明其高超的才能。人民普遍爱戴女王，表明他们已经把她看作英国民族健康理智的代表。她能够正确理解其臣民的精神需求，并能适当关注人民的呼声。同乔治四世的坏榜样相反，她在英国王室中严格遵守道德标准，对外表现为幸福家庭和婚姻的典范。因此，臣民对女王的忠诚，也有个人的感情成分。尽管英国人普遍忠于王室，但他们对当今女王具有发自内心的爱慕。她年轻时就才能显露，甚至在帝国权贵面前也充满尊严、自信和优雅，在重大的

维多利亚女王

国事活动中也能显示英国王室的气质。

年轻君主登基时（1837年6月20日），选择了伯明翰宫作为自己的王宫。这是一座虽古旧却已经过多次修缮和扩建的建筑，位于圣詹姆斯宫和绿地公园之间。它的圆柱装饰的大门，大理石铺就的入口台阶，红丝绸装饰的宝座大厅，尤其是用众多荷兰大师作品装饰的画廊，都令人赞叹不已。邻近的圣詹姆斯宫有时作为正式官邸使用；在它的小教堂里，女王和亲王阿伯特·冯·萨克森-科堡-哥达曾于1840年举行婚礼。今天在这里举行接待活动，是显贵的宫廷男士觐见王储的场所。而伯明翰宫的会客厅，则大多是年轻女士或宫廷中尚不知名的人士会面的地方。

圣詹姆斯宫旁边还有一个不起眼的马尔伯勒府邸，是18世纪初克里斯托弗·雷恩为马尔普拉开战役的胜利者所建，1863年威尔士亲王婚后成为王储的府邸。生性快乐的亲王经常代表他的母亲参加社交活动。除正式庆典外，马尔伯勒府邸才是伦敦宫廷生活的真正活动场所，也是活动盛季的"社交中心"。

伦敦和威斯敏斯特之间的老街上，沿着泰晤士河的河滩向南拐，就是亨利八世的怀特霍尔宫，此宫从前是诺克大主教的驻地。国王查理一世曾在怀特霍尔驻扎，正如在他之前喜爱豪华的枢机主教沃尔西和御用骑士蓝胡子也在此常驻；这个不幸的君王就是从宴会厅通过城墙缺口被送往断头台的。他的对手是强大的庇护者，在查理死后也曾住在怀特霍尔宫内，但最后也被死神带走。一场大火于17世纪末摧毁了这座宫殿，只有一间挂着鲁本斯油画的大厅保留了下来。它现在供宗教活动使用。在老怀特霍尔宫原来所在的地方，即国会大厦和特拉法加广场之间，是20年前由司各脱修建的政府各个部门办公的四方形建筑：内政部、大印度局、殖民局和外交部。狭窄的唐宁街上，有两栋最后的政府大楼，那是首相的府邸；同样，财政部、商务局、教育部、海军部、警察总局和英国陆军最高司令部也在这里办公。紧邻宽广的怀特霍尔大街，这个最狭小的城区不仅统治着伦敦，而且统治着这个王国和世界上各个大不列颠的殖民地：权力如此集中，是世界上其他城市无法比拟的，只有柏林的"菩提树下大街"和威廉大街与此地有些相似。

与伦敦西区的国家和私人殿堂相反，这座世界大都市的其他部分建筑物却没有给人留下什么好印象。这里的房屋大多很狭窄，多为两到三扇窗户那么宽。英国人喜欢住在自己的房子里，他们把家看成是自己的"城堡"。外人未经允许是不许进入"城堡"的，甚至包括警察。他们重视灶旁温暖的家庭生活，不愿意和外人住在同一屋檐下。根据英国人的习惯，他们住房所在的地皮不属于他们个人的财产，而只是可

白金汉宫前的公园

用 99 年的租地，所以中产市民和其他低阶层人民习惯修建轻便房屋。这种房屋一般都使用深色旧砖砌成，外墙也不粉刷，不做任何装饰。这些房屋大多由同一家公司修建，因此这些靠幻想修建的城区，其街道单调得可怕，凡有其他颜色的房屋，都以各种理由加以修改。几个较大城区的建筑风格，随着建筑的时代有所不同。例如杰莫斯大街和摄政公园之间有很多房屋，都是 19 世纪初由建筑师纳什和伯顿建成，不由得让人想起希腊和罗马建筑风格；19 世纪 50 年代距离市中心越来越远的较大的建筑，则更多是哥特式风格。新时代却重新出现安妮女王喜欢的风格：尖屋顶、带阁楼、窄门、宽窗。另外，伦敦的住宅房租与欧洲其他大城市比较为低廉。根据统计，伦敦家庭房租费用只相当于其收入的 1/7，而这个比例在柏林是 1/6，维也纳是 1/5，彼得堡还要高一些。过去 30 年间，伦敦房租提高了 35%，维也纳和彼得堡是 59%，巴黎是 76%，柏林是 85%，而佩斯甚至提高了 125%。伦敦中产阶级的住房都保留地下室，被地沟和带篱笆的花园与马路隔开。住房另有单独的厨房和储藏空间，地面上是一层。从走廊可到餐厅，再往后走，是一到两间起居室。二楼的正面是客厅。通过一扇门，从客厅可去到主妇的小客厅，那里在举行大型社交活动时可当沙龙使用。客厅当然尽可能配油画、铜器、马约里卡陶器、精美物品和摆放在小桌上的成百小摆件。对这些装饰，英国妇女要比德国女人更有持家的才能。再上楼就是卧室，最上层是孩子和用人的房间。整个房子的家具，除了沙龙以外，要比法国和德国的简洁些，却更耐用和实用。墙纸、窗帘、门帘和刺绣并不奢侈，只是出于热爱，他们的地毯却无人可比：即使较贫穷阶级的家里，楼梯上和起居室里，从地下室到楼上，均铺有防水布地毯或者贵重的地毯。

与这样的民居外观相适应，英国人的厨房也比欧洲其他民族的差得多。有一个笑话说，英国的教派很多，但汤只有一种。这话说得不错，因为汤确实是英国厨艺的短板。在不列颠岛上，人们吃得很多也很油腻，但菜肴的花样确实太少，不能和法国和维也纳的菜肴相比。英国人很拘谨，饭桌上很少说话，不像欧洲大陆人那样。实际在社交活动方面，英国市民阶层更注重安静。狂热的娱乐、无谓的聊天，甚至潇洒的散步，都不是伦敦人的爱好。

很多未婚的先生，要么是已退休有足够的时间，要么是整日工作后想休息一下却又没有能力常去酒店和娱乐场所消遣，他们在伦敦有相当数量的俱乐部可以使用。就像朱利叶斯·罗登贝格在他的杂文《伦敦的咖啡馆和俱乐部》中所详尽描写的那样，二者已经成为真正反映不列颠精神和性格的民间设施，比任何社交方式都更能影响英

VI 伦敦的王宫、民宅、俱乐部和公园

国文化。大约100年前，伦敦的老咖啡馆陆续变成了现代俱乐部。一些小酒馆也逐渐跟了上来，"在那些老式阴暗的房间里，我们的前辈曾在这里用晚餐，喝着波尔多葡萄酒和潘趣酒，抽着烟斗，谈论着政治和文学"。小酒馆是俱乐部（这里的俱乐部指的是"封闭的社交"场地）活动的好地方。餐饮成了俱乐部的标志，一个1735年成立、1869年解散的著名俱乐部就叫作"高雅牛排协会"。不仅俱乐部的名称，而且其中很多习惯也使英国人常常陷入"更高的愚蠢"当中。有的俱乐部叫作"破铜钱"、"爱鸟族"、"假英雄"、"无鼻孔"、"不幸者"（成员至少破产过一次）、"亚当族"（来者的名字都叫亚当）、"丑脸"，等等。"马好客"俱乐部就是"一群大多来自富有家庭的纨绔子弟，他们吃醉了酒，走上街头，砸碎窗户，殴打夜巡者，袭击路人，把老女人塞进酒桶从山上滚下来"。18世纪伦敦出现了一种罕见的俱乐部，聚集了一批英国民间文学与艺术人物：由塞缪尔·约翰生博士倡导的"文学俱乐部"，我们已在前文提到过。超越常态休闲内容的俱乐部有赌博俱乐部，它们在东印度投机商中和在法国大革命之前的年代特别兴旺，其中有"可可树""怀特""溪水"或其他赌博俱乐部。赌客们在这里不仅用钱进行赌博（赌钱的数额按德国概念真是令人难以置信），而且还用稀少的可笑的物件行赌。相形之下，今日的伦敦俱乐部生活已经文明得多。俱乐部成了家庭和社会的中介。用罗登贝格的话说，"它代替了普通的饭店、林荫大道、回廊和甜品店；对伦敦人来说，它胜过一切"。这些俱乐部收费比较低廉，出入可以享受相应的"优惠待遇"，让人在那里有如家的感觉。人们在这里可以廉价地吃喝，也可以满足精神和社交需求，没有任何压力，永远给人以绅士的感觉。俱乐部的基本原则是某种自我主义，让亲爱的自己在这个大集体中得到各种满足，使单身汉身份的人不仅不感到自卑，甚至可以感到"舒适"。谁要是想在这个团体中有所表现或有所作为，就必须成为俱乐部的成员。成为这个或那个俱乐部的成员，实际是一种政治、文学和艺术上的奖赏，一直被当作一种荣耀。

伦敦俱乐部繁荣的明显证据，就是俱乐部豪华的建筑。在几条高档街道上，如帕尔·马尔大街和詹姆斯大街，俱乐部的宫殿一座挨着一座。其典型的正面给每个街区都带来了舒适的感觉，让人忘记这座大城的东部还有苦难，城中心还有拜金主义的丑行。卡尔顿俱乐部是托利党联合会的总部，改革俱乐部则是自由党成员聚会的地方。前者以威尼斯广场的图书馆为榜样——高雅而有分寸，外墙和室内装潢精致；这里经常有伯爵和男爵聚会，地皮属于国家，财产得到保障。滑铁卢的胜者1832年成立了卡尔顿俱乐部，它现有成员1600人。保守党俱乐部的成立时间、成员人数和影响，

伦敦卡尔顿俱乐部

稍显落后。相反，改革俱乐部和卡尔顿俱乐部是邻居，从外观看，前者稍显严肃和谦逊，尽管其大厅规模和豪华程度远超过其他俱乐部。它的入口大厅建有圆柱，带壁画和长廊的主厅里有馆藏丰富的图书馆，最后，它的厨房甚至有超过贵族宫殿的设施。

除了政治俱乐部，军事俱乐部也很受欢迎。陆海军俱乐部、统一和青年统一服务俱乐部，都是有2000多名会员的组织。同样，商人、律师、远途旅游爱好者、作家、艺术家、政客、牛津大学和剑桥大学校友、运动员及各界人士，也都有自己的俱乐部，甚至连妇女也没有摆脱这种社会组织的诱惑，部分同男人一起，部分脱离男人建

Ⅵ 伦敦的王宫、民宅、俱乐部和公园

伦敦陆海军俱乐部

立了自己的若干俱乐部,以摆脱孤独,特别是周日单调的社会生活。在家之外寻求娱乐,是伦敦人的一个好习惯。这和欧洲大陆的大城市不一样。

如果说几万上层和中产阶级人士可以从这些俱乐部中得到休闲娱乐的机会,那么数十万在伦敦靠双手吃饭、每日为谋生而奋斗的人们,却生活在十分悲惨的环境之中。和世界其他大城市相比,伦敦的社会矛盾格外突出。为反映这深刻的苦难,没有哪个作家不是在用足够的黑色基调进行创作。当然,在市中心,在美丽的绿色郊区,或者在西部漂亮的林荫大道上,人们看不到这一贫困现象。但如果好奇的或专业的博

伦敦的圣纪乐士区

Ⅵ 伦敦的王宫、民宅、俱乐部和公园

爱主义者被带进了圣纪乐士、兰贝斯、赛文·狄亚尔、德鲁里、萨弗伦山、怀特查佩尔等地区的肮脏胡同中,他就可以吃惊地看到酗酒、野蛮和堕落的深渊。成千上万无产者挤在年久失修的"巢穴"里,家中几乎没有家具,没有取暖设施,没有空气和阳光。男人们在工厂和码头当临时工或当市场帮工,每日工资最多两马克;女人们为别人缝缝补补,只能得到很低的报酬;孩子们糊火柴盒、上街卖花和出售便宜的水果为家里增加点收入。但他们的生活并不顺利,生病和失业常常夺走他们的收入,最后他们不得不借高利贷,

约翰·拉塞尔勋爵

或去酒吧酗酒,从偶尔的偷窃到入室盗窃,再到街头抢劫,成了一些人的遭遇;这些不幸者的归宿,只能是医院、劳教所、监狱和绞刑架,或者是在大街上某一个角落被发现的他们的尸体。抛弃孩子是伦敦每天都会发生的犯罪;据官方报告,用破布和报纸卷着婴儿扔掉的事件,每年就有数千起!教会和慈善机构设法减轻这些苦难,有些卓越的政治家,如人民党领袖约翰·拉塞尔勋爵(1878年去世)在议会中为劳动阶级呼吁并促成贫困法的通过。但底层人民在物质上并没有得到彻底改善,这些友善的努力只是一种尝试。随着无产阶级的不断扩大,要彻底解决这个最重要的"社会问题",几乎是不可能的。

这座都城的规模和存在的社会问题,使得伦敦的警察承受巨大压力,更何况整个警力只有区区12000人,安全机构人员在法律上很少能够介入。但是伦敦的警察十分讲礼貌,而且在危机时刻行事果断,成为市民的朋友,受到市民的支持和爱戴。伦敦的探员虽然以机智、拳头和冷酷著称,但他们还必须有知识和快速推理能力、敏锐的感觉,特别是"敏感的鼻子"。800名探员组成的刑事警察队伍,负责守卫夜间无人看管的上千家商店和百货公司;20年前市中心的人口比现在多一倍,因为芬秋奇大街和拉的盖特山之间的住宅逐渐昂贵了起来。另外,只有市中心才能享受早年制定的公众宪法;伦敦其他地区在面积和居民人数,在工业和资本力量上,虽然均远超市中心,在管理上却相当无序和混乱。这座世界大都市的这一短板,是众所周知的。著名国民经济学家,如约翰·斯图尔特·密尔、格拉德斯通等人,为制定一部公众宪法成

海德公园一隅

Ⅵ 伦敦的王宫、民宅、俱乐部和公园

立了一个城市改革协会。但实际上,直至今天,只是在部分机关中统一了思想,缺少的仍是一位强有力的市长。

除了饮食和行为有所节制外,英国人还认为,新鲜的空气也是幸福生活不可缺少的部分:追求美食、新鲜空气和节制欲望,是英国人的典型品格。世界上没有哪一个民族能像英国人那样只渴求如此容易得到的东西。然而,对伦敦这样的城市来说,呼吸新鲜空气却是很难的事情。无数工厂、蒸汽船只和烟囱,年复一年地向天空喷出浓浓的烟雾,所有房屋、教堂、宫殿和纪念碑,很快就被染上一层黑斑。即使1858年议会通过大企业禁排烟雾法,成千上万根烟囱停止作业(只是在技术上可行时),也只解决了很少一部分问题。尽管如此,伦敦仍然是一座最健康的世界大都市,这主要是因为城中有数目众多的大小公园可以清洁空气,它们被称为"城市之肺"。市民非常重视保护这些绿色,防止有些公司把这些公园改成工地。

海德公园和肯辛顿公园尽管被一道护栏和壕沟分隔,但仍是一个260公顷的大公园,一个群众聚会的场所,一个"让人眼前一亮"的地方。当然,在这里步行走路的,大多是普通游客,而高贵社会和富有阶级,都是在中午时分骑着纯种马走在罗腾路上,或者在下午乘豪华马车显示他们明亮而香气袭人的服饰、美貌,或者其用人闪亮的服装和过膝的袜子。但是,即使没有这些表现,海德公园也是人类一大骄傲。盎格鲁-撒克逊民族天生热爱大自然,知道如何赋予这个大公园一种田园风貌。地毯似的草地上放养着羊群,池塘的水面上游弋着野鸭和天鹅,高大树林的丰茂树叶,让人远离喧嚣而充满灰尘的大都市。在海德公园和火药厂附近,旺季是四驾马车和车辆俱乐部的聚会场所;没有任何地方像老英国贵族喜爱的地方这样,可以看到如此高贵血统的马匹、如此豪华的车辆和如此绅士的御者。

郊区比较小的绿色公园广受失业工人的青睐,这里可以像维也纳普拉特公园那样进行烧烤和野餐。再往东走,就是圣詹姆斯公园,从这里可以看到多个国王的宫殿。园中的老树,部分来自查理二世时代。这座公园由勒诺特尔设计,是伦敦风光最美、维护得最好的公园。

摄政王公园是1838年对外开放的,包括植物园和动物园;长长的人工湖和一系列可爱的建筑,使人休闲时有一种新的选择。它的亮点是它的动物园,动物种类比较齐全,其他各种展品也具有吸引力。但不论是规模还是建筑的美观,它都比不上柏林动物园。在摄政王公园举行的"群众性集会"和露天布道,逐渐把高贵社会挤出了这个公园。同威斯敏斯特宫殿和肯辛顿之间的四个公园相比,它不再属于"时尚公

园"之列。西南方的巴特森公园、东北方花卉优美的维多利亚公园和泰晤士河两岸的其他公园也是如此。这类公园的数量随着城市的扩大而不断增加，某些新公园实际只是一个美丽的广场。广场（Square）这个词，经常被用作一块城市中绿洲的名称，因此不用对此过于较真。真正四方形的广场在伦敦也是很少见的。用栏杆围起来的封闭的树林，只对附近的居民开放，他们也为此承担费用。广大群众只有在特殊情况下才能进入。这种广场有各种名称，例如 Circus（圆形广场）、Crescent（新月形广场）、Polygone（六角形或八角形广场），也有 Street 或 Lane（根据街道的长短）、Hill（根据地形的高低）和 Road（根据距离市中心的远近），等等。

Ⅶ 伦敦的交通和桥梁

可以想象，500万人住在条条街巷和座座大厦里是何等景象。商店均离家很远，交通问题必须提上日程。大都市伦敦的英国人，为节省时间也必须选择合适的交通工具。铁路、马车和船运在伦敦虽属世界最完善之列，却不能说车辆的讲究、火车的清洁和舒适及正点率和行车速度，都比其他大城市好。维也纳的马车和柏林的城市铁路，在某些方面都好于伦敦。在这里只能看到双轮出租马车。除了单马的出租马车外，在伦敦的上万辆出租马车中，最受欢迎的还是奇特的双轮双座的"汉森"马车（以发明者姓氏命名）。这是一种只能乘坐两人的马车，车厢悬挂在两个车轮中间，车夫坐在车厢的后面，隔着车厢操纵马匹。车厢上方有雨棚和两扇玻璃窗，以便雨天行车；车夫可以通过车厢上方的一个小窗和乘客交流。由于马好，车夫也有经验又很幽默，所以外来人很乐意乘坐这种马车游览伦敦市容。

为正确选择公交马车的上百条路线，有必要熟悉这座大都市的地理情况。公交马车的上层，即车夫的旁边，乘客可以在路上观赏周围的街景。伦敦的公交马车夫大多是了不起的人物，尽管他们不穿制服，但头戴高庄礼帽，身穿浅色的马甲，常常还在纽扣孔中插上一朵花，特别是那一双红手套，使他们很像绅士高高坐在宝座上。伦敦的马拉公交和其他城市没有什么两样，没有检票员，只在车夫后面设立一个款箱。

对几十万城市游客来说，最重要的交通工具当然是铁路。地球上没有哪个地方像伦敦这样在市区之间有蒸汽机车穿行往来。该城现有50千米城市铁路。人们在19世纪为战胜时空阻隔所做的一切努力，都没有最近60年发展铁路事业这样伟大。1828年9月27日，英国北部产煤城市斯托克顿和达灵顿之间铺设了第一条铁路，曼彻斯特和利物浦之间很快就有定期蒸汽火车往来。1835年，全英国已有332千米铁路。今天英国到处都有铁路抵达伦敦，首都现有14座大型火车站服务于它的对外交通。这种情况当然在世界其他大都市也是如此，只不过还没有达到这样的规模。这座大都会有长达 25 千米的环形路线围绕城市中心，还有更大、更集中的外围线路，以及多条副线和连接线。它们构成了来往伦敦的铁路网络。我们世纪的这个奇迹工程，是 1860 年才开建的。为此这座城市和邻近各郡的土地，每一寸只能用重金买下。修建伦敦城市铁路及其 300 个车站，只有采取非同寻常的措施才最后完成。铁路大部分建在地下，整个线路的终端，即曼森屋到托尔山站这一段，直到前几年才最后开通。建筑工人要克服多少困难，才能在货仓、住宅和宫殿下方施工，而不让土石塌方或交通受阻！由我们的父辈在 1843 年完成的泰晤士隧道，被看作是世界奇迹。伦敦的罗马时期、萨克森时期和诺曼时期留下的一米多厚的建筑废土必须穿透，地下水必须抽走，地下原有的煤气和上下水管道必须保护好或转移位置。不在街道下方的车站，必须解决照明和出口问题。隧道内空气中的烟雾和硫黄蒸汽必须清除。城市铁路各个部分的上下左右和交叉关系组成的巨大体系，让外来人头晕目眩。从凌晨到午夜，每隔几分钟就有列车驶过，时而在地上，时而在地下。例如在城市西南郊的克拉普汉·琼克顿，每日就有 1200 班列车驶过。为了规范这种混乱状态和避免交通事故，人们聪明地设置了信号系统，用安全的技术手段监督列车运行。英国的乘客已经习惯铁路交通，因此伤亡情况极少，每 33 万旅客中才有 1 人受伤，每 600 万人中才有 1 人死亡。这个统计也包括出事故的铁路员工和卧轨自杀者。关于乘车人的社会阶级成分，值得注意的事实是：三等车乘客在最近 10 年中增加了一倍，头等车保持原样，二等车则大幅度减少。这样一来，内地铁路（Midland Railway）从伦敦开往北方的列车，早就只设头等和三等车厢了。两者的票价当然相差悬殊。

伦敦的大车站都同旅馆连在一起。这是英国人很实用的安排。谁要是在首都短暂停留，或者很晚或者很早就要离开，没有比这些车站旅馆更方便和更舒适的了：旅客和行李下车后，几乎可以直接乘电梯进入房间。甚至连伦敦居民也愿意住在这样的车站旅馆，以便第二天一早就踏上旅程，从而不用早起或走远路，或者在凌晨还得乘马车赶去车站。

泰晤士河上的客运交通包括"两桥之间"，从东面的泰晤士河口到西面的汉普顿考特已不那么重要。只有在夏天或星期日，"伦敦汽船公司"的船只才能坐满人。对于 19 世纪的快速生活来说，水路过于浪费时间，这与"美好的老时代"的从容相反，那时伦敦只有 20 辆出租马车。"步行者和骑马者却仍然烦扰了国王、王后和贵族的耳朵，毁坏水泥地面，使牧草和马饲料的价格高涨。"

伦敦城市铁路立体交通网

伦敦圣潘克拉斯车站

Ⅶ 伦敦的交通和桥梁

尽管伦敦的城市铁路规模宏伟，但它也只是这个"地下"伦敦多种设施中的一小部分。如果有朝一日伦敦像庞贝古城那样在地球上消失且被人遗忘，后人再次把地面打开，一定会大吃一惊！因为一个世界城市的各种需求，都已在地下齐备。每一个伦敦家庭中都流淌着足够的泰晤士河水或泉水，是来自原始的最好的水源。但由于是长途管道运输，以及旁边就是煤气管道和下水道，所以根据最近的调查，水质深受影响。八家股份公司每日至少向城市供水 6 亿升。同样，各种液体的进出都得到很好的管理：几千千米长的管道和下水道体系，宽阔的下水道主道和蒸汽抽水站，从地下把废水运往泰晤士河，顺河道流向大海，其中农业需要的材料先行分离和消毒留下。四家煤气公司以每立方米平均 11 芬尼（德国旧货币，1 马克等于 100 芬尼）的价格向城市提供照明燃料；一个叫温瑟尔的德国人于 1803 年在吕克昂剧院点燃了第一盏煤油灯，1808 年用煤气照亮了帕尔·马尔大街；到了 1814 年，"这个危险的臭气"成了普遍使用的照明燃料。无数电报线路和气压送信管道当然也铺设在地下。这样一来，伦敦地下约 17 米深的空间几乎塞满了各种管线、粗细各异的铁管、封闭的下水沟和宽广的隧道。

泰晤士河上有 18 座桥梁连接着两岸市区，其中有 6 座铁路桥，另外 12 座供车辆和行人通行。泰晤士河在伦敦的宽度都不小于 200 米，部分达到 400 米。河上的所有大桥都是巨型工程，桥墩和桥面都很宽。最古老且至今仍很重要的桥是伦敦桥，其历史可追溯到中世纪初，甚至是罗马时代。狄奥·卡西乌曾在公元 200 年提到过一座泰晤士桥，但表达得不甚清楚。有关中世纪的桥梁，我们在前面讲过。它们从 18 世纪以来已经成为首都的名胜，它们也反映了这个城市和这个国家一段血腥的历史。关于这些老建筑的桥墩和桥头堡，还流传着很多传说。随着新时代的交通不断发展，有些失修的桥梁虽然不断修整和扩建，却仍不够使用之需，于是 1825 年在稍北一点的地方为今日的伦敦桥奠定了基础，1831 年新桥完成时，中世纪的老桥被拆除。由于东部市区没有其他桥梁同泰晤士河右岸连接，伦敦桥上的交通当然就特别繁忙，尤其是上下班的时间，即上午 9 点和下午 5 点，这时的马车、公交、货车和步行者一起挤上了大桥。

伦敦的第二座老桥是 1750 年建成的威斯敏斯特大桥。市区的居民和泰晤士河上的船民当时极力反对建这座大桥，因为他们担心这会严重损害他们的经济利益。由于它的中心位置，而且是建在很多建筑附近，所以在这座桥上可以看到非常美丽的城市风光。华兹华斯（英国诗人，1770—1850）曾于 1803 年写过一首十四行诗赞美它。但是这座桥很快就不再是这座大都市的精品，因为 1862 年建成的一座 25 米宽的新桥取代了它。

伦敦的滑铁卢大桥

Ⅶ 伦敦的交通和桥梁

所有伦敦桥梁中,最长也是最有名的当属滑铁卢桥。卡诺瓦说,人们应该从罗马来伦敦看这座桥。九个平整的桥拱承载着这座花岗岩石桥,轻巧而优美地跨过这里422米的水面。约翰·伦尼勋爵1871年花2000万马克修建了这座大桥,后来在儿子的帮助下还为伦敦建了9座桥梁。开始时这座桥叫"海城桥",因为伦敦的血脉同泰晤士彼岸的海城密切相连。后来威灵顿战胜了拿破仑,英国全国上下欢欣鼓舞,人们都穿上威灵顿靴子,戴上威灵顿帽子,或者都去威灵顿饭店就餐,乘坐滑铁卢马车,于是这座新桥也就在战役一周年时(1817年6月18日),在陆军元帅大公爵到场见证下,改名为滑铁卢大桥。

根据传统观点,伦敦桥下方的泰晤士河不能再建桥梁,否则城市的海运交通将受到影响。经过长时间思考,这个看法最后遭到否定。1886年6月,威尔士亲王为伦敦塔桥奠基。它将在老要塞和凯瑟琳船坞之间的河面修建,建好后所有船坞都将位于新桥之下。桥是这样设计的:它中间的桥拱为60米宽,上层为固定桥面,下层为可移动桥面。下层桥面距离水面的高度,足以让一般蒸汽轮船通过。对大的远洋船,则可以轻易用液压打开下层桥面。这座新桥非凡的一点,是其两端各有一座巨型哥特式桥头堡,成为了桥拱的两个桥墩,并建有一部载人电梯,可以在桥面开启时使用。高高站立在桥头堡上,泰晤士河的风光尽收眼底。远处民宅的尖屋顶、拱形窗户和角楼,与北边阴暗的伦敦塔、河上航行的船只和南岸频繁的交通形成鲜明对照。人们希望这座价值1599万马克的桥能够在1890年完工。城市建筑师霍乐斯·琼斯和约翰·沃尔夫·巴里共同负责修建这座大桥。

为了展示伦敦的伟大,最好的办法就是用成千上万的数据来说明城市的现状和发展。市中心的登记人口为400万,郊区为475万,加在一起相当于一个小国的人口,即使人口众多的巴比伦和北京也不得不甘拜下风。形象一点说,把伦敦人排成6人一排的队列快步离开城市,它的头排也要走四天四夜才能走到城外。头排走到100千米以外的怀特岛时,末排还没有离开城区。10个伦敦相当于整个德国,300个伦敦相当于全球。56万座房屋目前占满1万条街巷。很多街道都在郊区,城市管理也不统一,很多街都是以国王、王后、威廉、乔治、维多利亚等名字命名,其中有很多重名,甚至重复二三十次。为了搞清写信的准确地址,出版了一本25厘米厚的住址目录,其中可以看到整页的史密斯、琼斯、布朗、米勒、理查森、亨特、罗宾逊等英国家族姓氏。有人说,伦敦生活的犹太人比巴勒斯坦的还多,天主教徒比罗马的还多,爱尔兰人比贝尔法斯特甚至比都柏林的还多,苏格兰人也比爱丁堡的还多。伦敦人口的这种输入和变化，是很多欧洲都市都有的现象，只不过恰恰在英国，从平原涌进大城市的情况在伦敦特别突出而已。早在雅各布一世时期，即17世纪初，就有人说"英国的简称就是伦敦，伦敦就是英国"，尽管伦敦当时的人口还不到50万！城市的发展如何持久，它的规模在今后100年或200年会有什么样的变化，有过不可想象的统计；有一点可以肯定，任何时候都不会有像伦敦这样的城市出现！

  世界大城市中的伦敦，就是世界瀑布中的尼亚加拉，其居民的呼啸响遍全国。地方统计用数字记录下这些事实：几百家粮食批发商、几千家面包房、屠夫和各种手艺人，在圣保罗教堂周围方圆10英里内追逐着财富；几十万上百万英吨黄油、奶酪、鱼类、肉类、煤炭等涌入这里的市场；每年有几十万艘大小船只驶进泰晤士河，几万列火车开进伦敦，把英国和世界各地的各种产品送往伦敦。这幅富有和光辉的画面，也有其阴暗的一面。无产阶级的苦难和道德的沦陷，以及为此采取的各种减少损失的措施，在前面已经提到。尽管有公园、上下水道，但伦敦没有清洁的空气。伦敦柏油马路上的污秽、马蹄和车轮印迹、炉火和经济垃圾等，使一位统计学家发现了灰尘对家庭和伦敦人身体特别是肺部的影响。这促进了人们对肥皂的消耗。而且凡来自伦敦的东西，都带着浓厚的烟味，对所有英国城市来说，伦敦都是一颗"污珍珠"。

  伦敦或许不像我们所期望的那样，是地球上的宜居之城。或许还是过去的时光好，那时伦敦的经济尚未如此发达，蒸汽机尚未如此普及，英国还未达到今天的世界地位，城市也还未被第二个百手巨人布里亚柔斯蚕食掉郊区的绿色乡镇。博斯韦尔让约翰逊这样说他热爱伦敦的理由：没有任何地方像泰晤士河畔的伦敦这样，能为他的灵感提供养料，医好他的虚荣和傲慢。没有人天生就伟大和善良，只有在同别人，特别是城市的能人相比较时才能显现出自我。这里有这么多的学问和文献资料供人享受。其他名人在伦敦可能会找到另外的优越性：最好的蔬菜、鱼类、禽类、小羊肉、牛肉都在伦敦市场出售。其他省份只能满足于母牛肉和母羊肉。首都可以保证最大限度的个人自由和社会独立：没有邻居可以觊觎别人的饭锅，或者坐在那里监督别人。甚至稳重的麦考利也曾写道："伦敦是我的福地。它乌蒙的空气和泥黄色河水，比赫特福德郡纯净的空气和里布小河水晶般洁净的河水，更打动我的心。没有什么可以和伦敦的光辉的变化相比，它的娱乐，它的戏剧独一无二。"我们难道不是好像听到冯斯塔艾尔夫人站在蓝色的日内瓦湖畔，赞扬巴黎巴克街的贫穷吗？伦敦同时体现整个人类的状态；在赞赏者的眼中它是地球激烈跳动的心脏，充满了人类的各种形态和人类跳动的脉搏。

Ⅷ 伦敦周边的名胜

伦敦的周边地区可以看成是一个宽广的圆圈，其圆周从查灵-格罗斯算起，长度约35千米。东部以格雷夫森德或查塔姆，南部以埃普瑟姆，西部以温莎，北部以切森特为界。伦敦的警务辖区，却只涉及查灵-格罗斯周围13英里（约24千米）的地方。过去市区的司法权，只管辖泰晤士河上下游地区，今天也管辖包括伦敦下游的河流部分。这个圆圈的里面，包括一个方圆8千米的内核；外区则包括概念中的大伦敦，这是未来的伦敦。今天的伦敦人还可以在它的草地上享受"乡下的周日"。房屋的"海洋"逐渐向城外延伸：公路两旁出现了工厂或别墅，占据了乡村房屋、公园和田野及农村。这样一来，人们必须走上几个小时的路才能走到真正的"绿地"。北方和南方盖满房屋的高地，泰晤士河洼地一带丰富的植被，仍使城市周围不失为风景如画的福地。

我们要严格区分泰晤士河上下游不同的风光。基弗和温莎之间的河水透明且呈"银色"，丰茂的草原和绿色的灌木丛、阴凉的花园和漂亮的村庄令人眼前一亮。首都的烟雾空气，在这里几乎无人知晓。相反，格林尼治和格雷夫森德之间笼罩着一片海洋般的气氛。500万人口城市产生的垃圾淤泥，使河水变得污浊，越来越多地从平坦河岸流向大海；两侧的船坞，河上繁忙的船运交通，以及人口众多的村镇和喧嚣的工商业活动，使得"大伦敦"早已失去它原有的田园风光。首先是邻近的格林尼治。河的右岸是维多利亚女王的老皇宫，她本人、她的妹妹玛利亚、她的父亲亨利八世和皇室的其他成员都在此处出生，而且经常来这里休闲；喜欢作乐的查理二世让人在园中种树，复活节、圣灵降临节和其他一些节日时让东部伦敦的居民到这里的树荫下度假。1675年，园中的一个高地上建起了著名的天文台，每天中午一点时向各地车站传递"格林尼治时间"。格林尼治的本初子午线是确定我们地球所有地图上的纬线的根据。在一座未完成的宫殿所在地，17 世纪末修建了一所巨大的医院，在它的圆柱和拱门的正面，有一座几乎和伦敦的圣保罗教堂里一样的克里斯托弗·雷恩雕像。残疾的海员们今天大多不会在这座宫殿中观赏油画和纳尔逊房间中众多不列颠海军的荣耀标志。他们像巴黎荣军的前辈一样，在别处品尝每周约合 14 马克补助的饭菜。宫殿一角，是皇家海军学校的旧址。

附近的伍利奇是世界有名的城市，它城北的兵营可以容纳 5000 名士兵驻扎；现在无用的船坞，曾在亨利八世时代制造过英国军舰；直到今日，在它的军械库中，仍可见各种战争器材，包括大炮、炸药、缆绳，等等。只要在政治天空中出现战争乌云，伍利奇的 1 万名工人就会开始日夜忙碌。一般民众当然不能进入这些厂房，但他们可以到"圆厅"军事博物馆欣赏不列颠的战利品。在炮兵和工程师学校的入口处，人们可以邂逅当年不幸的弟子——1879 年在祖鲁兰战死的王子路易·拿破仑，而这只是一座简单的雕像。从这里往南约一英里，就是奇斯勒赫斯特村，这里也为他修建了一座纪念柱。他和父亲的遗体，就被安葬在当地的天主教堂里；拿破仑三世是 1874 年 1 月 9 日在这里下葬的。他从德国被收押回国以后，在小宫殿卡姆顿度过了两年平静的时光。经受各种考验的女皇尤金尼娅，曾梦想得到法国的皇帝宝座，最后在这个肯特郡的一个角落里，给她的丈夫和儿子找到这个简单的坟墓。直到近期，女皇才在她府邸附近的法恩伯勒为两个死者建造了一处豪华的陵园，并在 1887 年把他们的棺木迁到了那里。

大伦敦最东边是格拉夫森德；城市下方的泰晤士河，开始像大海一样宽阔，其浑浊的河水，在所有海员都知道的诺尔岛灯塔（Nore Light）处与北海交汇。在格拉夫森德，亨利八世修筑了要塞，抗击河上的入侵者。他的大女儿伊丽莎白在这里曾视察出海抗击过西班牙军舰的舰队。她骑在高头大马上，金红色头发上戴着头盔，苗条的身体穿着紧致的盔甲。据说年轻的处女女王曾对她的海军发表激情洋溢的战斗演说。在这里，1858 年冬天，英国公主曾挽着英俊的普鲁士和德意志皇储的手登上军舰，永远离开了父母的家；在这里，丹麦公主亚历山德拉曾登陆，在群众的欢呼声中嫁给了威尔士亲王。伦敦人星期日来到这里，除了呼吸一点海洋空气外，还想品尝烤海鲜美食，特别是小白鱼和海螃蟹，模仿大臣们每年议会结束时在格林尼治举行的"鱼餐"。

伦敦的西边，泰晤士河有一段似乎来自南方河道。基弗在这里开发了一系列公园和森林。它的"皇家公园"以其碧绿的草原、国内外的树木、微笑的花坛、热带植物

VIII 伦敦周边的名胜

里士满的明星和勋爵酒店

园"棕榈屋"、千百种蕨类和兰花、宏伟的维多利亚夏宫和宽阔的游乐场,吸引着众人的心。如果没有这些,伦敦的星期日人群,将找不到可靠的家园。伦敦人很愿意看一眼装饰奇幻的怪塔,却不注意公园里的科学规划,也没有兴趣谈论荷兰之家那座红砖大厦的历史。阳光、绿地和森林的气息,才是他们所追求的。附近的里士满,设有很大的停车场供游客免费使用。一些"小人物"在这里自带食品野餐,而上层"万人"则在宫殿般的"明星和勋爵"酒店享受美味的香槟,同时可以观赏泰晤士河谷的风光。这一景色,沃尔特·司各脱称之为"世界独一无二"的。写"四季"的诗人詹姆斯·汤姆森,也热情地描写过这里的大自然景观。谁要喜欢水上运动,就会想起里士满以北可爱小城特威肯哈姆的过去,以及在这里生活过的某些人物,特别是诗人哲学家亚历山大·蒲柏和名噪一时的宫廷画家戈弗雷·尼勒。对于喜欢英国 18 世纪文化史的朋友,这座绿色小城就是一块"经典的土地"。

往上游再走一段路,茂盛的绿色中突起一座巨大的砖木结构建筑,这就是汉普顿·考特宫。钟爱历史回忆的英国人关心他们君主个人的经历,这都与这座宫殿的一切脱不了干系。它的名望绝不亚于那些历史上重要的建筑,如伦敦塔、威斯敏斯特教堂和温莎堡。万能的枢机主教沃尔西于 1515 年修建此宫,他的主人亨利八世由于

对他失去信任，撤销了对他的恩惠。即使主教把宫殿献给君主，也未能阻止对他的罢免。国王对宫殿的建筑风格进行了多处修改，后来建筑师雷恩和纳什也做了很多修缮，使得这座豪华宫殿的原始风貌荡然无存。无论如何，从河的方向观看它的正面，它的众多小塔楼、墙垛、烟囱和窗棂，还是给人留下很好的

温莎堡的圆塔

Ⅷ 伦敦周边的名胜

印象。泰晤士河这段沿岸，当时是多么热闹，喜爱排场的枢机主教带着成千穿着华丽的随从，从威斯敏斯特逆流而上，在这里登岸，为的是在至今还存在的大厅里欢庆节日；亨利八世和他六位夫人中的一位曾在这里停留，他的族徽至今还悬挂在六扇彩色的大厅窗子之上。国王和枢机主教也在这个豪华大厅留下了痕迹。伊丽莎白在这里度过圣诞节，查理一世在这里度过他幸福的时日，克伦威尔和查理二世在这里度过周末。这里"美女画廊"的作品，大多为彼得·莱利所绘，对观众有很大吸引力，远胜其他房间里悬挂的提香、丁托列托、帕尔马·韦基奥、贺尔拜因、凡·戴克和其他大师的作品。汉普顿·考特宫早已不被宫廷当作行宫使用，只有资深的退休官员和高官的遗孀在女王的慈悲下才可以在这里得到一处免费住宅。1886年11月，一场大火将40间房屋化为灰烬。现在，这里的庭院、厅室、画廊和花园，免费向公众开放。晴朗的星期天下午，成千伦敦人来到这里的草坪上、栗树大街的树荫下，或者邻近的布什比公园里休息；这里有一群温顺的小鹿在庞大的鹿苑里漫步。尽管这里距离城市很近，园丁们仍感到很开心，因为他们可以维护大自然的原生态美景。森林的气息和森林的宁静，吸引着大批市民，使他们在平日的生活中还能忆起"幸福的汉普顿"。

大伦敦全景名胜的最后一个亮点就是最令人骄傲的英国王宫，或许也是世界的王宫——泰晤士河中段高地上的温莎堡。它的位置、它的宏伟、它的历史、它的建筑风格、它的财富、它的艺术宝藏，所有这些都引起人们的极大兴趣。自从征服者威廉时代开始，人们在以后的几百年，直至今天都在为它增砖添瓦。整个建筑的核心是圆塔，最早是战无不胜的诺曼人大公爵的避难处所，就像泰晤士河下游的白色伦敦塔一样。圆塔两侧的不规则庭院，建有各种不同的建筑——城墙、小路、塔楼、教堂和宫殿。爱德华三世国王授命威廉·维克哈姆主教在14世纪中期把他

温莎堡中的纳尔逊塑像

老英国

前任的建筑全部拆除；他于 1349 年在新乔治教堂组建了"腰带骑士团"，旨在维护上帝的荣誉和君主的尊严与利益。但他的事业并没有继续下去，而是被他的继承人改变得不成样子。大美的晒台是伊丽莎白女王的功劳；同样，克里斯托弗·雷恩勋爵和杰弗里·怀亚特维尔勋爵对温莎堡进行了维修、改善和补充，可惜并不是每次修缮都有利于整个建筑。甚至连英国的文学史都与温莎堡有关。"英国诗歌之父"杰弗里·乔叟 500 年前曾以每天两先令的报酬担任工地监督；1593 年，莎士比亚的《快乐的女人》在温莎堡获得第一个灵感，传说他在处女女王身边骑马通过公园时，曾从巨大的猎手赫尔内橡树边走过。

温莎堡中的书房

温莎高地上另一栋有名的建筑，是 1472 年由比彻姆主教和雷金纳德·布雷开建，到维多利亚女王时代才逐步建成的圣乔治教堂。国王和骑士们曾在这里欢庆他们教团的节日；在他们脚下埋葬着君王的骨灰，在他们布满雕刻的座椅上悬挂着帝国的旗帜。座椅上坐着腰带骑士团的成员。彩画拱窗上的朦胧光线、盔甲和盾牌、漂亮的风琴和装饰华丽的天花板,使得高高的大厅美丽异常。当今的女君主曾在温莎堡度过了事变多发的时日。在这里,她幸福的家庭生活结出了硕果。她忠心的亲王夫君在这些年中始终陪在她身旁;这对高级伉俪的孩子们在这里度过了他们快乐的童年。他们的大女儿在这里和普鲁士王储弗里德里希·威廉结成了连理。在豪华的艾伯特教堂里,她也曾为早亡的亲王夫君悲伤,后者的遗体葬在附近宫殿公园中的一座大理石陵墓之中。温莎堡和王室家族命运之间的多样关系,为此地增添了不少趣闻。当年进入摆满艺术品的接待大厅,漂亮的走廊和画廊及政务办公室,每走一步,都会有个人经历值得回忆。从女王私人房间走到外面的花园即北晒台前面的田野公园,它是泰晤士河下方700公顷的大公园、牧场、丘陵、小溪、人工湖"弗吉尼亚小溪",在欢快的夏季吸引着每一位王宫的游客。特别迷人的是在圆塔上观景。一派真正的英国乡间风光。虽然没有阿尔卑斯山上的积雪,也没有北欧海岸的野趣,脚下却是一片微笑的宁静。从这里眺望,目光可及12个郡县:到处是绿色的原野和枝叶茂盛的树木,起伏不平的丘陵,精美的宫殿、农舍和村镇,在西边和东边,泰晤士河水闪着粼粼银光。

IX 老英国的民间娱乐、学校和大学

温莎和伦敦之间的泰晤士河,不仅服务于观光和运输,河上还有一种民间活动在英国人眼中非常重要。这里每年都要举行牛津大学和剑桥大学之间的划船比赛。在莫特莱克和帕特尼两地之间 6 千米长的河道上,在圣诞节前的星期日,定期举行这场盛大的比赛。1856 年开始举行这场活动时,半个英国都为之振奋。比赛日的早上,整个伦敦都变"蓝"了,成千上万的人或步行或乘公共马车,或乘坐火车或走水路前往西部这个城区。佩戴浅蓝色徽章的是剑桥的粉丝,戴深蓝色徽章的是牛津的支持者;仔细观察还可以发现,侧边悬挂的横幅,也有深蓝和浅蓝之分。大家都希望自己的颜色取胜。河两岸已是人山人海,挤满了各式各样的船只,以及骑马的和乘车的观众。在帕特尼、巴恩斯和哈莫史密斯的桥上,最近几年也站满了人。人多得可怕,警察害怕坍塌封了桥。人们不仅是对赛船和大学表示喜爱,成千上万的人从城里来到这里,也是为享受比赛的刺激和比赛最后冲刺时的激动。花枝招展的女士们,为被船队驶过时溅起的水花弄湿假日的盛装而高声呼叫。先生们则用地方的劣等白兰地碰杯助威。各位绅士还不得不掏空腰包,为女士们购买手套和其他小东西而破费。

比划船更为古老和更具群众性的活动,是老英国人的赛马。伦敦人习惯过 5 个节日:圣诞节、新年、复活节、赛船和德比赛马。连国会在这些日子也暂停了会期。大部分贵族和绅士都到埃普瑟姆来聚会,享受绿地和阳光。埃普瑟姆位于伦敦西郊以南约 16 千米处,乘马车去很容易到达,特别是四轮的公共马车。还有数列火车也开往赛马场,再加上长长的步行队伍,这条满是灰尘的乡间公路十分活跃。几千年前在奥林匹克运动会上就有赛马比赛,就有两轮马车竞争;诺曼的贵族也喜欢看赛马消遣,15 或 16 世纪的上层家庭的"快马"相互比赛快慢。但真正骑马进行比赛,却是 1609 年乔治节时在切斯特附近开始的。三座银钟是切斯特的军火商和市长威廉·莱

从温莎堡看泰晤士河谷

泰晤士河上的划船比赛

斯特捐献的比赛奖品。银钟后来换成了奖杯，再后来又换成了金币；今天的最高奖赏（不止在英国而且在全世界）是巨额奖金，最高达 20 万马克。还在 17 世纪时，埃普瑟姆靠近新市场的地区是英国主要的马匹集市，后来变成了最受欢迎的赛马场。1779 年，德比伯爵在埃普瑟姆的欧克斯猎宫举办了第一届正式赛马——欧克斯和德比有奖赛马，从此每年春天如期举行，获奖台至今还矗立在 1780 年原来的地方。英国人对这项娱乐的喜爱还可以用下列事实证明：自从 1780 年 5 月 6 日的赛马（胜者是邦伯里勋爵，奖金为 1125 英镑）起，其节目单一份不缺地保留了下来，上面详细记载了每年的马匹、骑手和奖金等项目。获得德比赛马头奖，被视为国家荣誉。当 1865 年法国马"斗士"获得头奖后，它的主人拉格朗热几乎遭到群众殴打。每年的德比赛马都在报刊上图文并茂反复报道。各个社会阶级在绿色的草地上混在一起，形成热闹和喧嚣的节日群体。靠近赛马跑道的大部分观众带着面包和奶酪当作小吃，有钱人命其男仆从马车的食品篮中取来禽肉、龙虾和葡萄酒。在大看台上有无数扇子在挥舞，还散发出一股香气。香槟酒瓶不断被打开，赛马赌注被记在笔记本上。当试骑结束，比赛信号发出，骑手奔出起点，这时全场的紧张气氛才开始达到高潮。在托特纳姆拐弯处，有的马领先，有的紧随其后，还有一分钟——还有几秒钟——Shotover 或 Blaise 最后以半个马身的优势赢得了德比大奖。根据骑手的多少，奖金最高可达 146000 马克，这还不算对胜者所下的赌注。上千封电报飞往世界各地，马匹和骑手都上了画报。现代民族大迁徙的浪潮又流回城里。到了傍晚，埃普瑟姆又成了一块孤独的空地。除了马匹，赛马骑师也起到很大作用，这是理所当然的。各个大多矮小体轻、从小就受过训练的职业骑手，成了当天的名人。最近 10 年的"冠军"弗雷德·阿彻自从 15 年前第一次参加比赛直到去世，共获得几百次奖金，他的年收入超过德帝国首相的六倍。由于患伤寒，他 1866 年 11 月 8 日用一颗子弹结束了自己的生命。在市长日的前夜，当时全伦敦都在担心社会党人引起的暴动；伦敦人却十分关心这起死亡案，人民对此的关注，甚至大于国家和城市的骚乱。阿彻最后用过的马鞍和马镫，被威尔士亲王拿去留作纪念。查尔斯·伍德、乔治·福德姆和其他赛马界精英，都是英国和大陆赛马场上的翘楚，曾获得过数百荣誉奖和数千英国金币。

对于英国民众，比赛船和赛马更重要的，是不列颠人从青年起就热衷于健身和体育运动。不论在哪里，你都会看到英国人运动的身影。无论在阿尔卑斯山山谷还是在印度大平原，或是在大陆殖民地的海滨浴场，他们都会立即开辟一个草地网球场，并在场地中间支起球网；或者在大草地上寻找一块踢足球的场地，或者拿出器具准备进行槌球比赛。所有这些球类活动都要在新鲜空气中进行，参与者通过它们锻炼自己的灵活性和力量。草地网球有男女双打，而足球由于粗野和有战斗性及表现肢体的力量，是属于年轻男子的活动。所有这些球类活动都有复杂而严格的规则。俱乐部的每一个成员（球类也有俱乐部），或者每一个球员都必须遵守这些规则。这是一个锻炼意志的机会，即在运动中锻炼自己钢铁般的毅力。宅在家中不是英国人的性格，中上阶层的男人必须保持健康的体魄和充沛的精力。英文中没有我们概念中的"耄耋"一词相应的单词。在奔跑、划船、自行车赛、拳击和跳跃上，没有哪一个民族能赶上英国人。但是，正规的"体操"，英国是

打槌球

在最近十几年才根据德国的模式发展起来的。在大陆也有超过英国的更好的骑手。然而，在射击、击剑、游泳和舞蹈方面，英国还是比某些国家落后。他们健康的骨骼和喜爱空气及用冷水擦身，都使他们在一切力量型活动上占有优势。而在英国的浓雾之中，美惠三女神却很难找到自己的家园。

国家级体育比赛最好的地点，从来都是高等学校，因为英国的人文中学并不十分重视教授学生各种知识，而是更重视培养他们成熟的品格。因而，要防止男孩学识太多而在进入生活时缺乏必要的活力。有一句俗语说："学习不是为了学校，而是为了生活。"这是英国学校的教育指导原则。学校教育的重要部分，就是学生的身体健康和练就强健的体魄。英国的人文中学生，即伊顿、哈罗、拉格比、查特豪斯、温彻斯特、威斯敏斯特等公学的学生，每天有一半时间是在操场上各种运动中度过的。他们的脸色看起来都很健康，没有任何压力限制他们的活动。在他们的眼里，很早就闪烁着男子气概和坚毅的品格。英国高等学校的课程中，球类游戏、划船和其他锻炼身体的形式多于普通的保养手段。诚实和果断、独立性和对同学及老师的坦率，以及对老英国优越性的认同，使他们能够度过一个快乐的少年岁月。这就是老英国的教育理念。

无论从成立年限还是社会声誉看，伊顿公学在老英国"高等人文中学和寄宿学校"中都首屈一指。亨利六世国王1444年创建的这所公学正好在温莎堡对面、泰晤士河左岸。它那一排宏伟红砖建筑中有些一直保留到今天。公学现有学生1000名，其中大部分都在老师的监督下住在公学以外。70名"皇家公费学生"及公学的首席校长、董事和官员，都享受几百年来由很多国王、主教和金主捐赠的基金的待遇。陆军和海军、教士和法官，都喜欢从伊顿公学学生中补充他们的成员。四方形的大校园中，亨利六世的雕像周围是学校活动的中心。修道院院长宅邸中展出的伊顿优秀学生的肖

IX 老英国的民间娱乐、学校和大学

像，引起人们的高度重视。它们象征着一部分世界历史，展示了过去和现代的紧密关联。学校的宿舍和餐厅、地下室和厨房，都让人想起某些生动事件，人们可以从《汤姆·布朗学校日记》中读到大男孩在宿舍中的闹剧。

哈罗公学位于伦敦西北部几英里的地方，它在英国历史上的重要性仅次于伊顿公学。它的建立不是教会或皇家基金会的功劳；一个来自附近普雷斯顿的普通农民约翰·莱昂于1571年请求伊丽莎白女王在其家乡建立一所免费文理学校获得批准。弥留之际（1592年），他把他的全部遗产300英镑留下，为校长和教师修建了一栋宿舍楼。当地的孩子可以免费上学，校长可以任意接受外来的学生。外来生需要付费，较大宿舍每年3600马克，较小宿舍2700马克，饮食、管理和上课，还要额外付钱。15岁的学生入学需要经过考试。过去的教学内容，除了算术，重点是拉丁语和希腊语，最近增加了现代语言作为优先课程，如法语。每个男

伊顿公学运动场的大门

老英国

伊顿公学的校园

孩都由一名特定的老师监督。坎特伯雷大主教和伦敦的主教组成了学校的监督机构。人们通过奖金、银币和金币，以及高达2000马克的现金鼓励学生努力学习。拜伦勋爵曾于1801—1805年在这里就学，在各方面留下了阴暗的痕迹，可见他不受其他同学的青睐。他的作品中讲到了哈罗公学的某些情况。谢里登、琼斯爵士、埃尔金勋爵、罗伯特·皮尔和帕默斯顿勋爵都曾是这里的学生，其中有四人曾任英国首相。除了足球和槌球外，哈罗学生在猎枪射击上也很出色。早在约翰·莱昂时期就有成立宣言并制定了有关规则，要求孩子的父母为射击训练提供弩箭。后来经过长期考虑，才在18世纪把传统弩箭改成猎枪。

拉格比公学是一所名望很高的学校，它的校长托马斯·阿诺德博士是一位信仰坚定但讲话温柔的热情爱国者和父亲般的教育家，他给英国的整个教育事业带来了新的理念。按照他的教育思想，年长的学生必须呵护年幼的学生。校长的爱心感染了教师和学生，深受所有人爱戴和钦佩。他的文章严谨而坦诚，他的罗马历史课生动而清晰，吸引所有人，他的六卷集《学校讲演录》是学生和家长的必读材料。阿诺德1842年死后，接班人是后来的大主教泰特；阿诺德的儿子马修是个著名诗人

IX 老英国的民间娱乐、学校和大学

和学者,但他没有继承父亲的事业。

在英国称为大学的 10 所高校中,牛津和剑桥这两所大学,不论从成立年限还是重要性上看,都具有特殊的地位,其学院式(colleges)体制尤其深受人们的青睐。除了讲课和主持国家考试的教授以外,大学还设立数个独立学院,由大学本科生、教师、未婚的学者(fellows)和一位院长组成。每个学院有自己封闭的校园、自己的校规、自己的历

阿诺德博士和拉格比(意为"橄榄球")公学的教堂

史；所有成员都可在院内住宿、饮食、听课，学院甚至独立提供宗教场所和学生娱乐设施。

两所大学中最古老的学院是在13世纪建立的。牛津的默顿学院成立于1274年，而剑桥最老的学院成立于1229年。中世纪英国的大学生活极其严格和严肃。"年轻的教师和学生无人陪同不许进城"，剑桥大学三一学院的老校规这样规定，"任何人都不许在大厅、校园和学院的任何地方闲逛，在教师或任何上司面前不许摘掉帽子……同样，我们命令、安排和警示教师、同事、大学生和学院的其他住户要全力照应、维护和保护人之间的和睦、平静与博爱；他们应该在言行上避免一切恶作剧、下流、嘲笑、发嘘声、骂人和惹人生气……我们希望并决定，所有人在室内的行为必须得体，不准喊叫或大声说笑、喧哗、跳舞或演奏乐器影响别人睡眠、安静与学习，同时禁止晚间的宵夜……"。

至今，牛津或剑桥的学生仍有别于世界其他国家的大学生，特别是我们德国的学子。他们的自由比较少，大部分时间身着黑色的校服，显得谦恭平和；到了晚上固定的时间，他们准时进入学院。进入课堂都要登记，逃课将受到惩罚。清晨他们要去教堂，学院几乎没有"大课"，因为它的教学方法有些类似我们的高级中学。德国意义上到酒店喝酒的习惯，英国大学生毫不知晓，尽管他们可以在主餐后喝杯潘趣酒、葡萄酒或其他高级饮料，或者聊天和参加议会讲演练习。相反，他们却可以参加露天划船、骑双座自行车比赛锻炼身体，或其他喜好的高级比赛运动。后者当然有些昂贵，在这方面牛津大学学生倒有些像他们的德国同学，很少因为缺少足够的经济来源而离开大学去度假或堕入尘俗。

牛津目前有20所学院和5所准学院（halls），即没有基金会资助和法人权的一种合作组织。主教沃尔特·德默顿1274年建立的学院，成为学院的典范。学生在没有监督的情况下，被分散安排在城市宿舍里，只有一个组长负责看管，"使他们在不必做口头保证的情况下虔诚地生活"。这种住校教育很受欢迎，英国年纪较大的青年至今还是如此。1871年，基布尔学院尽管包括许多准学院，但在国王的特许下也得到了法人权。在这之前（1868年）议会做出决定，认为它虽然不属于正式学院，但学生仍为大学的注册成员。新时代，政府和私人均设立奖学金和教座支持现代语言和自然科学。这方面的大课与学院的数学及经典学科相反，允许所有大学生甚至公众聆听。

牛津的主街叫海伊大街。大街两侧尽是大学的建筑，在拉德克里夫图书馆的屋顶平台上，人们可以欣赏这些楼宇。脚下是宽阔的马路，还有很多教堂古老发灰的塔

IX 老英国的民间娱乐、学校和大学

楼、像宫殿一样的学院,以及带有族徽的圣坛和阴凉的走廊。六月,树木枝叶茂盛时,城市仿佛位于花园当中。整个地区似乎都是森林,而这里虽然只有少数树木和绿地,却被像圣物一样保护了起来。到处可见绿色背景衬托的房屋,正是这种幸福的颜色组合,同此地文化历史的记忆相结合,使得牛津全景格外美妙。正像华兹华斯诗中所说的那样,"即使最清醒的理智也会被征服"。

古老的奥里尔学院大楼(建于 216 年)的外观,是很多牛津大学建筑的典范。为尽量保持原样,其外表似乎已经十分陈旧。但精心的维护和厅室内的豪华舒适,证明牛津对古迹确实钟爱有加。"这里的一切都是老的,也是新的!"热爱艺术的弗里德

牛津大学奥里尔学院大楼

里希·威廉四世国王在牛津充满激情地说。

最光辉、最受喜爱和最高贵的牛津学院，是 1525 年由渥尔塞（英国枢机主教，1475—1530）建立的。1546 年由亨利八世最后完成的基督堂学院，用了捐给基金会的 40 家修道院的收入。在当年基督堂的学生中，涌现出不少光辉的名字：德比勋爵、格拉德斯通先生、罗伯特·皮尔和威灵顿大公爵、查理一世国王和现在的威尔士亲王、拜伦勋爵、约翰·洛克、威廉·佩恩、坎宁勋爵、本·琼森、埃尔金勋爵、博林布洛克勋爵、卡索鲍努斯，等等。在近乎 80 米长的四方形基督堂的大厅里，亨利八世曾同帝国的大人物共同进餐；这里也曾为伊丽莎白女王表演过戏剧；不幸的查理一世曾向这里的议会发表演说；1815 年，战胜国君主曾在这里庆祝滑铁卢战役的胜利；后来的德国皇帝"威廉王子船长"也曾参加这次宴席。同样，这里的林荫大道也是牛津的一绝。学年结束时的"纪念日"，人们在这里举行极其罕见的欢乐庆典。马格达伦学院也很优秀，其教学楼的建筑风格独特而宏伟，还有精美的教堂、修整良好的草坪。无数在此学习过的宗教界名人，也是这里的一个亮点。在大学学院的会议室，塞缪尔·约翰生博士"连喝三瓶红酒，却不会受到任何谴责"。这位勤奋而有学问的人，给他的祖国带来一所培养评论家和语言学家的完整学院！牛津最让人惧怕的楼宇是"学术楼"，因为这是几百年来的考试场所；在其巨大圆柱风格五层高楼下面，有多少考生曾在这里心惊胆战。英国的国家考试十分重要，学习期间考试很多。而在德国这个学术自由之乡，考试又太少了。在学术楼竞争的胜者，将在"纪念日"那天的大礼堂（又称谢尔登剧场）里，在众多观众面前亮相。在回廊中集结的大学生们，可以利用这个机会行使他们古老的权利，用鼓掌、发嘘声、跺脚、嚎叫、呼喊表达他们赞成或不满的意愿。即便是穿着礼服的教授和盛装打扮的女士、学校的教务长和其他在场的显贵，都不禁会被激情洋溢的大学生所打动。著名的博德利图书馆也在学术楼内，这是牛津真正的心脏；它的收藏打动了手迹收藏者、古书之友和学者。一句话，牛津大学学院中这些中世纪的建筑及大量科学资料，给来访者留下了深刻的印象；对其深刻了解后，人们就会得到这样的结论：自古以来，它就对大不列颠的世界地位发挥了根本性作用。牛津就是学术的灯台，它的光辉照耀着有英国人居住的全世界。

剑桥可以说是牛津身边的一个平等伴侣。当然，它所处的位置正是卡姆河荒凉的洼地，没有任何魅力可言。它的有些学院却在辽阔的绿色草原附近，那里长满核桃树和榆树。剑桥的"后背"，即它的楼群后面，可以直通河边的绿地。黄红色的学院大楼、可爱的小桥和多彩的花地，也成为英国的一个美景。

IX 老英国的民间娱乐、学校和大学

所有学院之冠，是有500名学生、由亨利八世死前建立的三一学院。它的星期日礼拜上，可以看到英国最大的青年群体在这里聚会。整个不列颠帝国各种希望和利益的代表，大部分都在这里培养。学院有一个很大的食堂，有橡木护壁、坚硬的橡木梁、族徽装饰的都铎式窗户，食堂里摆着长长的餐桌。四方形的老庭院中间建有圆柱围绕的喷泉，还有短草草坪，但这里只允许博士们散步。有些人物，如牛顿、德莱顿（英国诗人，1631—1700）、哈勒姆（英国历史学家，1777—1859）、本特利（英国古典学者，1662—1742）、波森（英国希腊学者，1759—1808）、萨克雷（英国作家，1811—1863）、麦考利（英国女小说家，1881—1958）和丁尼生（英国诗人，1809—1892），在成为英国和人类的明星之前都曾在这里学习。后世为对他们表示敬意，把一些人的肖像摆放在教堂的前厅。在克里斯托弗·雷恩古意大利风格的宫殿里有一座图书馆，其中保存着牛顿的计算工具和弥尔顿（英国作家，1608—1674）的亲笔遗书。托瓦森（丹麦雕刻家，1768—1844）美丽的拜伦画柱曾被威斯敏斯特教堂拒绝接受。确实，三一学院以其令人激动的历史、科学的宝藏、宏伟的校舍和可以散步的卡姆河畔，以及它充满活力的青年群体和有学问的专家，像阿诺德说的那样，"成了世界上最好的地方，人们可以从其获益而归"。但是，这位热爱青年的校长又严肃地警告说："对懒惰和贪婪的人，这里并不是合适的地方，我宁可把一个男孩送到塔斯马尼亚岛上去苦度余生，也不愿意他在这里过着奢侈的生活。"

三一学院的优势专业是法律专业，而它的邻居塔朱斯学院则以医学为傲，尽管在英国的学员只有形式上的专业分工。所有学位均由大学颁发，牛津和剑桥全面代表哲学系。几乎所有学院都教授人文科学，至于其他专业，都是在三年之后确定。塔朱斯学院的最大特点是它的各道大门。据它们的建造者凯尔博士的说法，它们代表着谦卑、道德与智慧。直到最后才到达"荣誉之门"，通往考试院和评议院。在这里，像在牛津谢尔登剧场一样，颁发学术大奖。

曾建立伊顿公学的虔诚的亨利六世也曾为国王学院奠基。他在遗嘱中指示"要用最坚硬不可破的石料、铅板、玻璃和钢铁建院"。基金会今天为46名教师和48名大学生提供免费住处，但大学生在前期教育中必须有一半时间在伊顿公学度过。国王学院的教堂可说是最著名的基督教建筑。它只有一个规模宏大的厅堂，厅内有25扇彩色玻璃窗。弥尔顿曾在他的文章里说过对这个厅堂的总体印象，是让他"陷入陶醉，把天空带到他的精神面前"。

"Dominus illuminatio mea"（上主乃吾光），牛津大学的这句校训，是有文化的

| 剑桥三一学院的喷泉屋 | 弥尔顿的桑树 | 剑桥格拉布教堂 |

圣约翰学院入口

图书馆和卡姆河上的小桥

IX 老英国的民间娱乐、学校和大学

英国人渗入血肉的箴言。尽管个人欲望和公式俗套依然存在,但英国人的本性中仍保持一种对上帝的敬畏。在科学和宗教的理念中,主要因为这个原因,在这个被大海包围的英国,从来没有找到像德国那样广泛和包容的土地。所以英国的大学自古以来就装饰得如此富丽堂皇,其学院如此豪华和有趣,英国的大学教育也有如此坚定的民族特色,但它仍然缺少德国人性格中的理想主义成分。德国人对豪华的宫殿或舒适的生活不屑一顾,却敢于接触尖端问题,让人类精神生活充满精神宝藏,使短暂的人生得以优化和升华。德国的科学精神和英国的品性结合在一起,才是青年教育的理想境界。

剑桥大学凯斯学院的荣誉之门

除了大学,在英国内陆没有哪个地方像一个地方那样对英国精神生活有更高的意义,那就是埃文河畔的小城斯特拉特福。威廉·莎士比亚在这里出生、长大和去世。

莎士比亚出生的故居位于亨利大街的北侧,最近经过精心修缮,恢复了故居的原

斯特拉特福的教堂（中）、莎士比亚故居的旧貌新颜

貌。故居底层的小厨房是当时莎士比亚一家经常聚会的地方。地面的石板保留了原来的状态，诗人孩童时代常在这里游戏和学习语法。楼上朝街一面的角屋，是威廉·莎士比亚出生的地方。周围的墙上布满用铅笔写的名字和各种文字；旁边较大的房间辟为"博物馆"，展出了很多纪念诗人的物品。对16世纪来说，较大的住宅和屋内摆设的遗物可以证明，这个天才的男孩在父母的家中已经掌握了多种知识。观看每年都来斯特拉特福的剧团的演出，也同样对他的戏剧爱好起了很大的作用。诗人不朽的著作一再表明，不是聪明才智和业余爱好使他成名，而是正规的深入训练使他进入知识的帝国，加上他天生的神奇品格，才创作出无与伦比的精神财富。查普尔大街上威廉·莎士比亚生长和去世的故居，可惜在18世纪已被拆除；而在肖特里村，他后来妻子的茅屋，今天还可以看到。同样，诗人在月夜下和喜爱狩猎的同伴打野兽的查理科特宫和公园也还存在。在古老而阴暗的神父教堂里，英国最伟大的诗人找到他最后的安息之地。陵寝就在圣坛不远处，旁边的一块石碑上写道：

耶稣保佑，朋友，请忘掉我！
干扰我的，只有墓中的尘埃！
你将蒙福，请尊重这块石板！
你将获咒，别触动我的遗骸！

伟大的伦敦多么希望把这位"埃文甜蜜的天鹅"葬在威斯敏斯特教堂的诗人角落啊！那里只有一座画柱纪念莎士比亚；其他地方，除了斯特拉特福的遗物，都没有任何纪念这位"伟大的不列颠人"的物品。

X 英国的大教堂

除了高级中学和大学,老英国的主教教堂也由于其年代古老和建筑风格雄伟而令人瞩目;某些恬静的地方小镇,几百年来也只因其哥特式教堂而闻名于世。英伦三岛最古老的基督教城市是坎特伯雷。今天它是多佛—查塔姆—伦敦铁路线上第一大站,特快列车却飞驰而过,不在这里停留。早在6世纪末,圣奥古斯丁就在这里定居,肯特国王埃塞尔伯特在这里修建了自己的王宫。据传说,此地的名声甚至可以追溯到史前时期。坎特伯雷第一任大主教兰弗兰斯在诺曼人取得黑斯廷斯战役胜利之后,立即着手修建这座规模宏大的主教教堂(1073年)。1174年大火以后,建筑师威廉·冯·森斯开始重修新的圣坛,在法国教堂风格中加入了诺曼风格元素。教堂于1500年基本建成,它的各个不同部位具有盎格鲁诺曼和哥特各个时期的特色。它的两座塔楼之一,甚至到1840年才完成,当然是作为已经坍塌的塔楼的补充。这座豪华建筑中保存了一系列文化历史的记忆。托马斯·阿·贝克特(坎特伯雷大主教)在大理石地板上被谋杀(1170年)。这位曾坐在坎特伯雷斑岩宝座上的阴谋家,至今仍被其接班人称为"全英国的主宰和魁首"。亨利八世改革圣公会之前,人们还常来这里拜祭这位殉教者的陵墓。朝圣者还感谢英国在这里修建了第一座国家文学纪念碑,纪念杰弗里·乔叟,以及他写的有关坎特伯雷的小说。谁要是想借中世纪英国社会生活温暖自己,他就应该读一读朱利叶斯·罗登贝格的《肯特和坎特伯雷的故事》。同样,克勒西战役的胜者——浪漫的黑脸王子,也安葬在这座教堂地下。他插着鸵鸟羽毛的头盔,在这500年中一直装饰着威尔士亲王的族徽。在古老的殉教者墓穴中,伊丽莎白手下的瓦龙人曾在这里避难。他们在英国国土上制造了第一台丝绸纺织机,为英国工业发展和人民的福祉做出了重要贡献。坎特伯雷大主教住在伦敦的兰姆贝特宫。他曾为英国君主加冕,也是帝国的上议院议员。

诺克的老城门和主教教堂

英国的第二位教会之王就是诺克的大主教。这座城市位于辽阔而富饶的农田中心,自古以来就非常重要。罗马人曾把它定为不列颠省的第一城,甚至有一个皇帝从这里领导大军远征北方。宗教和科学的繁荣,以及崇高的政治威望,是这座城市在中世纪的亮点。它的萨克森城门,以及某些胡同般小巷里的尖顶房屋至今还保留着古老的遗风。该市市长是除伦敦市市长以外唯一有勋爵称号的市长。诺克的标志就是它的大教堂:年代久远而规模宏大,有很多石雕精品、彩绘的大窗、精雕的石柱,使这座三塔建筑成为英国大教堂之首。

方丹修道院废墟

X 英国的大教堂

英国人对其前辈的建筑充满敬意，但这仍然不能避免某些宏伟的教堂和修道院遭到损毁，今天被当作"画中的废墟"点缀着当地风光。距离诺克不太远的地方就是方丹修道院的废墟。西多会修士在十字军远征时期按照克莱弗克斯模式修建了它。修道院的土地面积达32公顷。修士们靠着勤劳和才能，把这块风景美丽但并不丰盛的土地变成了良田沃土；饲养马羊给他们带来巨大的财富，最终成为诺克郡和整个英国的福祉源泉。修道院的建筑遗留下来的很少，但这很少的残迹，特别是120米长的教堂围墙，以其大胆的石柱和尖顶的拱门、宽阔的大堂和巨大的54米高的塔楼废墟，让人对方丹修道院当年的雄姿可以管窥一斑。同样美丽的还有廷滕修道院的废墟。它位于威尔士东南角丘陵森林中的瓦伊河畔。几百年前教堂的屋顶早已坍塌，廊柱已变成尘埃，但教堂主堂的山墙，它的几何形花格窗，表明这里的修士"用美观的英国风格"，以高超的想象力和大师级的技术造就了这座神殿。早期英国风格的另一个典范，是保存良好的离诺克不远的里彭大教堂和英国南部位于南汉普顿的索尔兹伯里老主教教堂。后者属于少数教派教堂建筑，其奠基历史至今还为人称颂。它修建了38年，于1258年建成；它的尖顶塔楼不在原来的设计中，而是14世纪才补建的。塔高122米，是英伦岛上最高的塔楼。但不论是索尔兹伯里的尖塔还是其他四方形诺曼塔楼，都不能与德国的透雕哥特式塔楼相提并论。索尔兹伯里周围的风光，让人想起很多民间传说，它们构成了英国历史的一部分。往北走三个小时，在一座孤立的山顶上，出现了一个神秘的巨石阵。几十根巨大的直至7米高的岩柱，成对地被条条横石遮盖。这些岩柱从何而来，当年又是如何形成的，一直是个疑团；比较可信的观点倾向于认为这个分三层的圆柱形巨石阵大约是在公元前100年由当时的巫师摆成，为不列颠异教的民族圣物。

生气勃勃老英国的南方，其"城市教堂"之多，可以说是数不胜数。各种英国哥特式风格的教堂，都已年久失修，变成灰白色的上帝之家。之后，又在著名的修道院城市格拉斯顿伯里修建了不少世俗建筑，如今天的乔治饭店。我们来到奇切斯特过去的罗马军营，它新建的尖塔有些像索尔兹伯里（老塔于1861年倒塌）；还有温切斯特，这是阿尔弗雷德和卡努特国王过去的老驻地，这里有英国最长的教堂正堂。埃克塞特的大教堂建于14世纪，其豪华的风格与后来建的市政厅的圆柱前厅（或许是模仿科隆市政厅的大门）形成鲜明对照。坎特伯雷和伦敦之间的罗切斯特还有一座多次被敌人毁坏的大教堂；同样，赫里福德的教堂被臭名远扬的修复者怀亚特于18世纪重新改造，"他把四方形改成圆形，这是在破坏"。

老廷滕修道院的西面

格拉斯顿伯里的乔治饭店

从内陆继续往北可见格洛斯特的大教堂,其正堂秀丽的扇状拱顶式装饰引人注目。多嘴的艺术家阿道夫·罗森堡说:"用言语几乎无法表达我对这法国装饰的赞美。"达勒姆的大教堂却与此相反。它高高矗立在城市和威尔河之上,是一座巨大的诺曼式建筑,一半是教堂,另一半是主教府邸。

格洛斯特大教堂

XI 老英国的国土与社会

如果说英国的主教堂与英国的民族性格有密切关联,而这种民族性格又在历代的传统中有所体现,那它的人民和国土之间必然存在着因果关系。这虽然在其他国家同样如此,但由于其岛国位置和气候条件,英国本身就是一个小小的世界。在英吉利海峡和苏格兰皮克特瓦尔之间,在北海和爱尔兰海之间,很容易就察觉到各地的地貌有着很大差别。

老英国与威尔士、苏格兰和爱尔兰不同。同这几个姐妹区域相比,它很少有高山峻岭,也很少有辽阔的平原;到处是肥沃富饶的土地和多种多样的地形;其波浪状的丘陵有利于河流的分布,不受低地和高山的左右。气候有利于西部的畜牧业和东南部的农业。主要的分水岭沿着北方的切维厄特山丘越过奔宁山脉,及至南方较平坦的科茨沃尔德区,直到塞文河口。威尔士和堪布里亚沿海各郡的高原,只能当作由数个单独的峰峦组成的山脉。同样,德文郡和康沃尔郡有沼泽地与荒芜而陡峭的花岗岩礁石海滩,还有英国南部低洼地和被分水岭隔开的海湾。在西部,人烟稀少的康沃尔郡沼泽地带和东部的"英格兰公园"之间出现了截然不同的山野风光!在普利茅斯和兰兹角之间的半岛上,几乎没有城市。村庄被少数茅屋所包围,这里十分之九的居民都迁移到了半岛南角的铜、铅、银和锡矿附近。人们越往东走,地区的文化特征就越明显。邻近海峡的各郡气候温和宜人,在汉普郡,粮食要比诺克郡早熟14天。在起伏不平的肥沃土地之间隐藏着不少干净的村镇;河谷地区自古以来就是建城的地方;松软的石灰岩,虽不能像花岗岩那样提供石料,却让这里的居民得以简朴幸福地生活。他们不必在工厂里受累,也不必在矿山承担风险。英国东部的丘陵地带,海拔很少超过250米。康沃尔山峦是它的两倍,堪布里亚山脉则更高一些。煤矿区的地貌大多令人不安。北亨伯赛德郡大多是草原,有八分之一是可耕地,其余是沼泽、草地和沙

德比河谷的皮克灵岩洞

丘。邻近的达勒姆郡也是如此，只有河谷地区和大城市周围可以用于农业生产。

英国的内陆地区一般很少有活泼的气氛，只是个别地方比较兴旺。但我们也不能说它单调无奇，像俄国的大草原或波莫瑞粮食产区那样。它常常以一种梦幻般的面貌出现。辽阔的大地上到处是绿色的灌木丛、星罗棋布的树木，有时会被有花园的农场及诺曼式塔楼所打断。常常弥漫在空中的浓雾，却破坏了这些生动的彩色画面。尽管气温较高，但由于缺少阳光，很多水果难以成熟。橡树和山毛榉却枝叶茂盛，鲜嫩的绿草地生长良好。繁忙的陆上、水上和铁路交通都影响着这个地区的风貌，特别是在城市附近和工厂旁边；小汽船和火车头的烟雾笼罩着这里绿色的草地。当这里的雾气凝结成水滴，就会变成细雨把一切都画成灰色。这时，老伦敦的自然环境笼罩着一种古怪的气氛。当然这个岛国也有个别福地，那里是一派五谷丰登和风光秀美的景象。我们悠闲地漫游在德比郡，那就是达夫河谷的个别地点，或者沿着德文特河甚至可以找到和我们的哈尔茨山或萨克森小瑞士相媲美的景色。在伍斯特郡和赫里福德郡的低洼地区，啤酒花和水果都生长得很茂盛。在南方各郡的各处角落，人们可以看到奥利弗·哥德史密斯的诗句所描写的风光：

> 我的灵魂充满喜悦，
> 你的名字，西方的春之国！
> 你就是河谷中的阿卡狄亚，
> 在印度可见如此清澈的河水吗？
> 清风飘来温柔的气息！
> 树丛奏起淳美的音律！
> 创世者赋予你温柔的魅力，
> ……

除了备受赞美的肯特郡，没有一个地方符合这首赞歌的描写。樱花开放的季节，这个地区就像是一片清香扑鼻的云，百花丛中探出深红色的屋顶，或是深绿色的榆树和橡树枝头。盛夏季节，啤酒花遍布整个地区：肯特大约有 50000 英亩（约 20000 公顷）啤酒花田，相当于普鲁士的 5 倍，或者相当于整个德国啤酒花种植面积的一半。但是，英国啤酒花的消费量，几乎是其他欧洲国家的总和，约为 30 万公担。伦敦所需的蔬菜，也由老肯特供应。伦敦每人每年吃掉约 150 千克蔬菜。

老英国

尽管老英国有不少肥沃的农耕郡县,但农户对自己的处境并不满意。粮食和畜牧业的产量及其他需求,均由于人口增加而供不应求。他们的需求每年都在以不可知的速度上涨。根据卡尔·舍尔策的估计,在最近43年间,英国人人均年消费黄油由1磅增加到7磅,白糖增加到4磅,大米增加到12.5磅,火腿增加到11磅。每年进口食品的价值达到30亿马克,其中欧洲国家约占一小半,而美利坚合众国和英国的殖民地占很大的比重。

老英国共分为40个郡,它们的面积、人口、风俗、方言等各不相同。除历史因素外,一般以河流走向为各郡的边界。靠近西部和北部山区的各郡主要是矿山和工业基地,它们人口最多,工商业最稠密,最富有,影响也最大,约占帝国的一半。东部和南部的几个郡几乎全部依靠农业、畜牧业和海岸贸易为生,人口较少,也很少有大城市。从这个意义上讲,伦敦是个例外。

英国的农业主要是由贵族掌握,而任何其他欧洲国家都没有这种现象。占有土地的贵族,实际形成上层社会的一个种姓,是农村保守乡绅的代表;他们长期居住在庄园里,如无必要很少出现在伦敦。几百年来,农业贵族和农业工人之间的小地主阶级形成了这种乡绅,成了农村的真正精髓。这些人逐渐成为无法权的贵族阶级。君主不可随便把一个人变成绅士,却可以随意授人以显贵身份。因此英国的贵族就分裂成为各种显贵,获得爵位的依法成了上院的议员,他们的头衔和财产可以由长子继承,其他的子女只能作为平民,不再享受贵族的权利。另外的贵族又分为两种——有名分和无名分的贵族。前者由真正的准男爵和骑士组成,后者则来自老乡绅。这三种等级只是在议会下院有选举权和被选举权,而高级贵族(勋爵)则被排除在外。

英国贵族身份保有的年限,不能同其他国家相比。他们的继承权也是有局限的。内战频发,叛国案件不断和财产的减少,都使他们的行列逐渐稀疏。200年来,只有六分之一的勋爵延续了他们的头衔;没有公爵、侯爵或伯爵可以追溯到15世纪,尽管某些低级乡绅的名字却在征服者威廉的帝国名簿可查。另一方面,真正有贡献的显贵,经常由平民加以补充和加强;有功劳的官员、富有的商人,甚至诗人和作家,都有可能被授予勋爵的称号。尽管政治对立十分尖锐,但在英国仍然是社会利益高于政党利益。反对派不会像在大陆国家那样会被丑化。辉格党和托利党——或按现在的说法应该是保守派、乘车派、自由联盟派、爱尔兰自主派和激进派,都来自社会各个阶层,相互补充。由于实行严格的首生(长子)权,英国贵族始终是一个经济霸主,这和德国完全不同。根据达尔曼的说法,显贵人中已经没有贵族,因为真正高尚而富有

珍妮·丘吉尔

的显贵人数，已经消失在带有贵族头衔但已无资产的人当中。由于在政府与人民中所起的调解人的作用，由于在各级行政部门中的影响和积极参与各种社会及国家事务，英国的贵族享有很高的威望，在全民评价中超过任何其他现代国家。另外，近期贵族夫人也开始参与政治。前面提到的伦道夫·丘吉尔勋爵的夫人珍妮·丘吉尔作为迎春花联盟的首领，亲自为她夫君和托利党的事业进行竞选宣传。她的美貌和机智与友善，受到女王的喜爱，获得很多人的好感和选票。这一功绩不久前受到英国陛下的奖励，授予她印度皇冠勋章。

联合王国地产的分配十分奇特，是我们大陆人难以想象的。1875年的议会蓝皮书表明，全国四分之一的土地分给了1200人，每人平均得到6400公顷；四分之二分给了6200人，每人平均1260公顷；第三批50770人，每人152公顷。也就是说，王国国土的一半属于7400名个人，600名上院议员占有整个国家的五分之一土地，而其余的每百名英国人中，几乎没有一个人哪怕占有一英亩土地。44个大地主每人占有10万英亩，萨瑟兰区的公爵甚至占有13块大片土地。我们当然不能忽视大片土地主要在苏格兰和爱尔兰，此地收获较少，因为大多是沼泽地或猎场。44家大地主中只有15家能够至少有200万马克的收入，其他的则因收获量少、负担较大，尽管有上百平方千米的土地而仍称不上英国意义上的真正富人。

XII 英国贵族的府邸

想深入了解老英国的上层社会,就必须去他们的庄园,去他们乡下的家里去拜访,而不是在伦敦的交易市场、政治和社会大世界里,因为在那里没有人有时间和你闲聊,都在四处奔走忙碌,男人没有情感,女人没有红颜。而在贵族的庄园里,在悠闲的气氛中与他们亲密接触,你就会惊奇地发现,他们的乡间府邸竟和王宫一般富丽堂皇。雅致的厅室、瑰丽的大堂和装点无数艺术品的画廊美轮美奂。他们的生活方式似乎丝毫未被时代的变迁所更改,仍然保持着家长制的作风。仆人们仍顺从地按照主人的规矩行动。对访客和朋友,仍然体现无拘无束的好客之道,而绝无言不及义的骑士陋习。这使任何外来人都会感到吃惊。仆人还是那么多啊!从管家直到最年轻的马夫,一应俱全。马厩、车库仍然那么繁忙,人员有来有往,仍然那么热闹,特别是在秋季。这是狩猎季节、捕鱼季节、宴请季节、招待会和舞会的季节。客人们蜂拥而来,也都带着自己的奴仆、车辆和马匹;所有人必须安排住处,所有人必须给予照顾。到了晚上,餐厅、剧场和舞厅变成灯光的海洋;花房敞开了水晶般的大门,散发出温柔的芳香,在宝石般的光彩下,使人目不暇接。女士们洁白的肩膀和先生们乌黑的礼服形成鲜明的对照;人们的亲切交谈,年轻人的欢声笑语,有时会盖过乐队的音响。舞厅里、赌桌旁、丰富的餐台边,以及在沉默的绿色植物中间,到处都是欢乐、富裕、开心,整个殿堂里展现出一片幸福的梦幻。

罗马人在建筑艺术上是不列颠人和撒克逊人的导师。他们大兴土木的原则是修建永恒的建筑。这个原则也被不列颠土地上的诺曼人的军事统帅所遵循,只不过喜欢豪华的伯爵们后来在修建他们的府邸时增加了石壁和岗楼作为补充。英国比其他国家更看重祖辈的传说和英雄事迹,很多英雄史诗和小说均在都铎王朝的诺曼城堡和府邸中体现出来。这些府邸都是历代家族的祖宅。建筑的外形要显示主人的权势,并保证危

沃里克宫

XII 英国贵族的府邸

机时刻的安全。中世纪诺曼人的府邸有着粗犷肃穆的特点，即使是强权者也只有在坚固的城墙里才会感到安全。当秩序和法治胜过强权后，厚厚城墙和狭小窗户的城堡变成为高贵的地主庄园，很快就从悬崖走向平地，来到温暖安全的位置，周围建起了花园和公园。祖宅一代代扩大和美化，看起来很自然，却反映了老英国人的等级和权势观念，而主人的爵位始终和资产同在。

沃里克宫是一栋值得注意的有着古老历史的建筑。直到艾尔弗雷德大帝的女儿埃塞弗丽达，甚至直到恺撒，都流传着关于修建它的传说。征服者威廉授予首任伯爵冯·沃里克·阿尔冯这块河畔土地，尽管发生多次战乱和火灾，这座优秀的建筑今天仍屹立在河旁。它的灰色廊柱、角楼、城垛和塔楼，在百年老树的深绿色树荫下显得十分壮美。沃里克宫同英国最令人激动的历史有关；它是很多战斗英雄的家园，他们的宝剑曾与苏格兰和法国发生过交锋。特别是"国王制造者"理查德·内维尔·冯·沃里克伯爵，他在英国是"国王之下最伟大的人物"，甚至是"造就和消灭国王"的人物。

编年史和历史学家像写童话一般描绘过伯爵的权势、财富和骑士风度。所有吟游诗人都把他称为诺曼骑士最后的"花朵和桂冠"。这位无畏的伯爵死后被封为宫廷勋爵。沃里克宫留下了不少当年历史的遗迹。游客除了欣赏美丽的风景外，大多对最后一场大火（1871年）后修建的厅室中的宝石、油画、瓷瓶、铜器等展品给予莫大的关注；在教堂的陵寝室，或在古老的莱斯特医院，专家们还可以了解几百年前的英国历史——这当然要多耗费些时间。

附近凯尼尔沃斯宫的废墟中同样不缺乏传说。这里没有人会禁止你去了解几个世纪前被毁坏了的建筑。在坍毁的廊柱中，长满百年的常春藤，穿过哥特式的高窗，可以仰望天空的繁星。毁掉这座巨大宫殿（它的面积有七个摩尔干）豪华大厅的，不是敌人的子弹；焚毁它的大晒台、花园、塔楼，把水晶般的湖水变成长满芦苇的沼泽的，也不是敌人的军队。喜欢奢华的富有的莱斯特勋爵，是人民和女王惯坏了的骄子，他于1575年为接待伊丽莎白而装饰了凯尼尔沃斯宫。一切都是高档的：高级宴席、追熊游戏、盛大演出、烟火表演有始无终，漂亮的骑士伯爵始终陪伴在处女女王的身边。似乎时间已经到来，莱斯特即将登上英国国王的宝座。但是，不幸的艾米·罗布萨特的出现，使这位骑士的所有未来计划像纸牌屋一样倒塌，凯尼沃尔斯宫的美轮美奂也宣告结束。开始时还得以保存，但到了下一个世纪，克伦威尔"这个说话带鼻音、冷笑的圆头圣人"毁灭了它，战争的喧嚣取代了风流的消遣。沃尔特·司格脱

在19世纪初写出了《凯尼沃斯》，它立刻唤起了世界对这座宫殿废墟的兴趣。

在内陆的心脏德比郡，在皮克山脉的山坡上，是画家所青睐的哈登庄园。这座宫殿保存良好，同样进行了昂贵的装修，并存有艺术宝藏，但它的主人冯·德文希尔公爵不再将其当作府邸使用。几百年前，好客的"高山之王"乔治·弗农骑士曾在它的长方大院中大摆宴席；在豪华的"长廊"里，也曾举行过快乐的聚会。后来这里曾住过克伦威尔清教徒，但他们在这里都比在其他地方老实一些。谁要是今天在美丽的夏日看一眼宫殿花园一边的外墙，看一眼这里的树木、晒台上的花坛，都会使你对这个美丽的中世纪诺曼建筑和浓绿的花园感到欣喜。

凯尼尔沃斯废墟

XII 英国贵族的府邸

从花园角度看哈登庄园

肯特郡也有不少令人仰慕的宫殿和教堂。具有历史意义的有彭斯赫斯特宫,此宫过去是菲利普·西德尼的府邸。这位年轻的诗人是伊丽莎白王朝时一个具有骑士风度的高超天才。他当时是男人和女人都喜爱的对象,女王甚至称他为"时代的明珠"。伦敦人有时会在星期日到彭斯赫斯特美丽的花园散步,但他们肯定不知道在这些栗树下曾发生过一段浪漫的事件。当西德尼在这里写他的《世外桃源》时,是他追求"第三次爱情"之前,而他竟在花季之年英雄般地战死在沙场上。

比这更有名气的,是同样位于肯特的赫弗宫。在这座诺曼式的要塞中,人们可以看见英国最伟大的女王那美丽而不幸的母亲安妮·博林诞生的房间。安妮在这里度过她快乐的童年，她从法国宫廷回来以后，曾在这里受到崇拜者的热烈欢迎。她特别受到亨利八世的支持，后者常常骑马从伦敦赶到赫弗宫，先是秘密地，后来她公开地得到他的宠爱。在1533年爱情的五月，伦敦隆重地欢迎他们的王后。短短的三年幸福生活以后，她的头颅断在刽子手的屠刀之下。亨利国王走向他新的婚姻，又和宫廷少女约翰娜·西摩结成连理。

老英国最古老最富有的贵族家族中还有冯·诺森伯兰公爵。它的祖宅阿尼克宫（在纽卡斯尔和贝里克之间）中世纪时曾是抵抗苏格兰人的边境要塞。围墙、城门、塔楼和住宅楼，近期被恢复了原貌。今天，不仅由于其面积庞大的宫殿，而且由于其独特建筑和众多艺术宝藏，它已成为一座重要的公爵府邸。游客见到这些会感到有些迷惘：在宽广的院落中，1174年建立的胜利纪念碑反映了苏格兰威廉狮王曾在这里当过俘虏。还有古老的井房，或四米宽的大理石阶梯，或画廊、图书馆、武器收藏，或不列颠、罗马、埃及古物博物馆，都值得欣赏。

17世纪的几座宫殿虽然更为现代化但仍不失宏伟。国王雅各布一世1611年在伦敦以北兴建哈特菲尔德宫，后来又用它交换了罗伯特·塞西尔·冯·索尔兹伯里伯爵的府邸。这座长形的砖石结构建筑，以及它宽宽的无装饰的窗子，给人一种清爽洁净的感觉；在面向花园的一面，这座单调的建筑两侧，建有两座角楼；它美丽的大花园里百年大树已成林。哈特菲尔德宫内部富丽而豪华，其中包含很多对这个国家的回

哈特菲尔德宫

忆，具体说就是很多肖像和某些宝贵的藏品。今天的不列颠首相罗伯特·阿瑟·塞西尔·冯·索尔兹伯里男爵掌管着这座祖宅。他从伦敦出发，不到一个小时就可以到达此地，而且常常在这里度周日和假期。

雅各布一世的建筑风格以后，17世纪下半叶出现了意大利的文艺复兴风格，特别是模仿帕拉迪奥（意大利建筑家）的风格，如建筑师伊尼戈·琼斯。他和克里斯托弗·雷恩及后来的吉布斯、范布勒等人一起，用他们在法国喜爱的雕饰装饰建筑的外部。作为帕拉迪奥风格大师之作的，还有德比郡的查茨沃斯宫。这是德文希尔公爵的府邸，不仅因为其巨额财富，而且因为其作为政治家的贵族家族。其主人是冯·哈廷顿男爵，此人曾任新时期的大臣。查茨沃斯府邸位于可爱的德文特，一个巨大公园围绕着它。它的画廊和画柱闻名于世，它的温室规模之大，植物品种之丰富，很难再有出其右者：1551年，约瑟夫·帕克斯顿先生按照自己的设计，用玻璃和钢材修建了今天的锡德纳姆水晶宫。

查茨沃斯是英国文明时代宫殿中最富有和最美的宫殿，而布伦海姆宫则是最大和最豪华的建筑。为纪念马尔伯勒公爵在霍尔施塔特之战（或布伦海姆战役，1704年）的胜利，在安妮女王政府支持下，由范布勒修建了这座宫殿，当时议会批准的资助为600万马克。宫殿的画廊被艺术家瓦根评价为鲁本斯大师之作最宝贵的私人收藏："即使英国什么都没有，只要有这座带有大花园和艺术宝藏的公爵府邸，那么来此一游也不会后悔。这座建筑是如此具有风格，世界上每一个贵族对有这样一座夏宫也会心满意足的。"荷兰几座大城市把最好的油画赠给这位胜利的公爵。布伦海姆宫今天的主人，看来重视金钱胜过精神产品，因为一幅拉斐尔的圣母像不久前以150万马克卖给了伦敦国家画廊，1882年又把其中的"森德兰图书馆"出售，卖了数百万马克。

英国多少有些名望的贵族府邸大约有500座。它们中几乎没有一座没有贵重的图书馆和各种艺术宝藏，特别是著名大师的油画。与其他国家不同的是，不列颠土地上的这些艺术收藏，很少为国家和地方政府所有，而是在私人手中；在伦敦的画廊中走一遍，你还远不能对英国人的艺术感有正确的理解。在贵族的府邸里，在老英国的雾天中，人们会经常遇到比其他国家更多的美丽的迈森和塞夫尔瓷瓶、古雅典的家具、Gouthiere铜器、哥白林挂毯，以及鲁本斯、牟利罗、凡·戴克和委拉斯开兹大师的名画。如果我们相信泰奥菲勒·戈蒂埃的《颠扑不破的真理》中还有一点实话的话，这些英国的东西里有四分之三是模仿大师的赝品，表面清晰、用金框装裱，实际一钱不值。

XIII 乡野娱乐和海滨消夏

英伦诸岛上的贵族有很多昂贵的习俗，与大陆的富人有根本区别。其中主要是各种形式的娱乐，显示其宫廷和社会地位，难以避开其身份。早些年，乘坐舒适的马车、骏马、贴身随从和武装保卫都是高贵人物的不可缺少之物，而这一切都在英国保留了下来。这与马鞭文化有关：一辆纯种四驾马车不仅要占有，而且要会亲自驾驭，不管是在赛马场还是在海德公园或是在乡野，这对一个富贵人来说，就是一种标志。在海峡对岸，没有什么地方比这里的车跑得潇洒，也没有任何地方的车夫会对他的地位感到更荣耀。他的尊严是显而易见的。

"Next to the horse in England is the gun" 这句俗语翻译过来就是：乘车和骑马之后就是狩猎。后者对英国的贵人并不是偶尔的消遣，而是其一年娱乐活动计划的固定部分。大人物除了在自己的花园里有些兽类作为装饰，还有耕地以外辽阔的狩猎基地，特别是在苏格兰和爱尔兰。有不少狩猎之友在时间和资金允许的情况下到挪威去旅行，甚至去印度、非洲和美洲射猎大的动物特别是大象；单纯围猎普通的动物如麋鹿已经满足不了他们的欲望。这些在俱乐部中当然是不能提及的。猎狐是一项激动人心的活动。身高体壮的猎手不会把这些狡猾胆小的狐狸从洞里引出来，然后用兽夹抓住或当场击毙：他们用猎犬把它们赶出，然后骑马穿过草原和树丛，越过沟壑和森林去猎取，这个过程中当然要跟着猎犬，因为要依赖它们灵敏的鼻子。骑马纵狗猎狐，已经成为英国上层人士的民族体育运动；一般是在狩猎之后，人们才开始在伦敦的社交活动中相互见面。老英国这种狩猎场地很少，费用很高，而且只有50到100群受过严格训练的猎犬和几十匹可用的马匹，再加上服务人员，最后还有那些"进口"的狐狸。这些都使得这种狩猎活动成为主要是各郡大地主们表明身价的活动。猎狐者均穿着浅红色上装、白色皮裤、马靴和黑色小绒便帽出现；他们不携带枪支，而是带一根皮鞭。猎人一声 Tally-ho 和 halloo，驯狗师便吹起猎号宣布狐狸已经出现。狂吠的猎犬立刻开始追捕起来。寒风中激烈的运动，运动中展现的技巧、力量和勇气，越过无数天然障碍，是盛夏活动无可比拟的。它有助于增强男人的体魄和力量，展现出男人的坚强和在大自然里的欢乐。这都使得英国绅士有别于其他国家容克（贵族）的举止和姿态。

但是，狩猎和骑马、殿堂装饰和艺术收藏还不是老英国本土的全部魅力，特别值得一提的是英国本土农村的乡野生活。英国家庭生活的独特品位，比任何其他国家都更体现在其公园和花园上。200 年前，凡尔赛以其排列整齐的树木，精密设计的花坛和金字塔形的紫衫丛，以及动物、海神、水妖雕像，在整个欧洲广被模仿，而今天英国公园自然而纯朴的模式，已经统治了各国乡野花园的景致。辽阔的大草原、散布的树木群；夏季各种色调的绿、秋季的褐与黄、层次不同的阳光和阴明有别的树荫，还有各种风光小品、缓流的小溪、呼啸的瀑布、小巧的桥梁、水池中的天鹅和贡德拉小船、山洞和岩石，中间穿插着带有垛墙的贵族宅邸、长满常春藤的废墟、古老的农村教堂、四处奔跑的麋鹿、风格独特的小屋的大门，正是这一切融合成为一体，构成了一种独特的园林艺术。

由于英伦三岛人口众多，也由于其地理和气候特色，曾被中世纪编年史家称为奇迹的森林已被砍伐得所剩无几；英国的森林造就了英国人控制海洋的舰队。在伦敦附近只剩下埃平森林，原来叫"埃塞克斯森林"，西方也称其为"沃尔萨姆森林"，而东方称其为"海恩瑙尔特森林"。历届国王在这里猎杀麋鹿和野猪，劫路的强盗和民间的流浪者也在这里出没，尽管狩猎法规非常严格，打死一头鹿要处以死刑，捕猎一只兔子要挖去双眼。这片老森林今天只有十分之一尚有树木；1882 年，这片森林被女王宣布对外开放"供人免费使用和娱乐"。伦敦政府负责保护这片森林不被破坏，尽量保持其原生状态。吉普赛人、乞丐、流氓和猎鸟者禁入。伦敦人喜欢假日在草地上野餐，这片城市边缘的森林阴凉而寂静，而且交通方便，有多条铁路到达此地。

德文郡沼泽地带很多荒废了的猎场已经变成草原。这是英国南部唯一还可以骑马猎鹿的地方，也就是说，这里还有本地的野兽，不必为了狩猎而从外地进口动物供人猎杀。但是，埃克斯莫尔的草场和峡谷在规模和地位上早已不如新林区。虽然称为"新林区"，但它实际早在 800 年前就已是君主的猎场。根据一部不甚可靠的僧侣编年史记载，征服者威廉曾把汉普郡周边的村庄、教堂和市镇烧毁，以满足他打猎的欲望。当前这片林区的面积相当于附近怀特岛的大小。这里不像德国林区那样有浓密的

舍伍德森林

XIII 乡野娱乐和海滨消夏

树木，而是一个牧场、沼泽、树丛和百年阔叶林的混合体；这里到处是丘陵、被蕨类植物包围的小溪和被林间小道与空地打断的如画的景色。草场动物，大多是半驯化的动物和逃逸的野兽时而出现；松鼠、鸣禽和野鸡在某些季节给桤木和橡树带来生机。这里的村镇极少。这里已经远离文化世界，目光超不过远处的丘陵，再往前就是闪光的大海或者雾气蒙蒙的大城。森林深处的鲁弗斯之石，也不会让人想起年轻诺曼国王的神秘死亡，他在这里被沃尔特·蒂勒尔一箭射中心脏。北部伯爵领地的森林已经所剩无几；这是诺丁汉南边的舍伍德森林，还有一些古老的巨大橡树及远古的天然公园，尚未被人以斧头相向；过去罗宾汉生活过的地方，今天已是和平的牧人和欢乐的游者在树林中游荡的游区。而莱斯特郡正是当年猎狐的典型猎场。

英国人喜欢旅游，但很少在本岛，而是去莱茵河、阿尔卑斯山和地中海。其原因之一就是岛内的风光过于幽静，没有动人心弦和超凡脱俗的名胜。除了威尔士的海滨和苏格兰高原的几个景点，其他风光均显得平淡无奇，不能和光彩夺目的南方及巍峨的阿尔卑斯山相比。同时，"那边"费用也比英国本土便宜，而且在苏格兰英国先令也不如南方的法郎和里拉值钱，何况"约翰牛"的怪癖在遥远国度也可以有所收敛。在外国，"旅游工业"是居民的主要收入来源。如果没有时间到大陆去旅游——"休假是个大发明"，聪明的罗素勋爵如是说。但在英国，"时间就是金钱"，像德国那样的休假，在这里是很少见的。于是，新婚夫妇和寻欢作乐者更喜欢选择海滨作为他们旅行的目的地，主要是为了缓解日常的疲劳和换一换空气。威斯特莫兰郡占据了老英国的西北角，突出在索尔韦湾和莫克姆湾之间。北边的弗内斯半岛属于兰彻斯特郡。有50座山峰的高原，平均海拔200—600米，数个小湖散布在山中。这块"英国天堂"，这块"蜜月之地"，已有多条铁路通向这里，其田园风光被无数诗人赞颂。虽多条铁路通往大部分湖边，但仍无一条铁路穿越这个湖山世界的中心地带。几个可爱的小镇——安布尔塞德、凯西克、彭里斯、鲍内斯，每到夏天都挤满了游客。汽船从早到晚穿行在深蓝色的水面，而在淡季，这里的湖边和山中相当寂静，因为这个地区人口稀少，人们只采掘少量的煤炭和矿藏，主要以饲养绵羊为生。怀特黑文是唯一重要的港口，离矿井最近的巴罗因弗内斯区已经成为主要的矿藏地。苏格兰和英国东北部的历史和交通的中心，从来都是老边界的要塞卡莱尔。在它附近就是118千米长的罗马墙，包括城墙、护城河和废墟。这是哈德良皇帝于公元100年前后为抵抗皮克特人的袭击和保卫罗马的不列颠省而建。城墙从西部的索尔韦湾一直延伸到东部的泰恩河口，横穿英伦全岛，直到今天我们还可以看到这处巨型工程的部分遗迹。

兰代尔山

阿尔斯沃特湖

去莱克斯的人，很少是为了回忆历史，也不是要看它的工业设施，而是被它的自然风光吸引了去。这里，可爱的春景替代了阴郁的高山；凡是游客能到的地方，总是有草原的绿色，深林中镜面般的湖水向他招手。在中部山区岩石顶峰周围，如在兰代尔山巅、赫尔维林山和老男人山，冬天会遇到大雪，温暖的季节会遇到蒙蒙细雨。这被英国人称为"苏格兰之迷雾"，会逐渐穿透最厚的棉衣，也会把最美的风光遮住，展示忧郁的灰色。这就是这块土地的基本形态及其和平与幽静；嫩绿的草原和香湿的森林，夏日的光辉照射着"多叶的睡莲"，诗人们这样称呼地球的这个角落，它也对人显示自己舒适的魅力。18世纪末和19世纪初，很多自然爱好者逃向这里，如华兹华斯、科尔里奇、索锡、强大的威尔逊和抽鸦片的德昆西及"海洋派"诗人，他们把德国感性带入了僵硬的英国诗歌，并为伟大的浪漫主义者拜伦和司各脱开辟了道路。哥拉斯米尔是"海洋派"的主要阵地，人们在那里生活在常春藤和玫瑰花之下，在最高的圆顶山脚下，朋友们长年住在附近，而且华兹华斯的坟丘是每个游客很向往的地方。梦幻般安静的阿尔斯沃特湖边，19岁的雪莱和他的妻子在此度过了沉默的"甜蜜的16天"。两人最后都死于水中：美丽的哈里雅特从海德公园的盘陀路上投水自尽，而那位普罗米修斯歌手则坠入地中海的波涛当中。德文特湖旁的凯瑟克大桥是英国最美的湖区景色，当年的诗人罗伯特·索锡经过十几年的奔波，直到1843年在此重病死去得以解脱。浪漫诗人的时代已经过去，海洋派诗作大多已被后世遗忘，但莱克斯本身每年夏季都穿着新装，为数千工作疲倦和神经紧张的人提供每年到山湖旁度假的机会。

XIV 英国的煤和铁

坎伯兰郡和威斯特摩兰郡的夏季酷热，风景也最无聊，却是国民经济最重要的地区，是英国煤和铁的发源地。卡尔·冯·舍尔策在他论述世界各国经济的重要著作中说："几乎难以想象，蒸汽机的发明间接和直接引起了人类物质生产的全面发展。这场伟大的经济革命之所以爆发，还因为地球深处蕴藏着温暖和力量巨大的无比丰富的宝藏。这都是太阳、空气和土地数千年来伟大的创造。"

英国的煤田是世界工业兴旺的先导；在英伦岛上，他们首先开始大规模生产钢铁、金属制品、玻璃、毛纺和棉纺织品，后来地球上其他文明国家先后跟着模仿，英国的北半部成为它们的榜样。除了煤，大自然还送来了铁；两者探明地点接近，而且储量丰富，大大促进了英国经济的发展。法国国民经济学家米歇尔·舍瓦里耶说："黄金可以从世界消失，且不会有损世界文明，但铁如果在世界消失，那将是世界的灾难。"

煤矿在全世界的分布，根据最新研究成果，当然主要是根据经推断而发表的数据，其在全世界的分布情况大体如下：中国和美利坚合众国约占 20 万平方英亩煤田，紧跟其后的是俄罗斯；德国只有 3600 平方英亩，法国只有 1800 平方英亩。奇怪的是英国的煤田有不同的统计：这个数据介于 2844 平方英亩（老英国和威尔士）与 9000 平方英亩之间，甚至也有 12000 平方英亩的说法（指全英国，其中 1/4 在苏格兰，3/4 在英格兰和威尔士，爱尔兰寥寥无几）。煤田的巨大规模和技术进步，使我们有可能更好地评估煤炭的热能，而且可以通过电力、热力和动力来实现。现在需要做的是发现新矿源，甚至是海底的新矿源，这样就把无煤时代推向遥远的未来。但在英国，有些忧心的政客和悲观的学者（如廷德尔和杰文斯教授）经常提起这个令人操心的"学术问题"。最坏的情况是欧洲煤矿的转移将影响到国民的福祉，因

老英国

德文特湖

为德国和俄罗斯煤田在今后几百年间不存在枯竭的问题。

地球上煤矿的储量是不确定的，但煤产量却是有据可查。比较可靠的统计数字是每年生产 4 亿吨，其中欧洲 3 亿吨，而 1860 年只有 1.2 亿吨。今天德国的产量是 7000 万吨，英国是 1.64 亿吨。英国煤炭有 1/5 运往其他国家或海外，英国本国还余 1.3 亿吨，供本国每年消费。这 1.3 亿吨中的 50% 用于大企业，17% 用于家庭，其余部分用于煤气和水厂、铁路和内河船运。伦敦市每年消耗 800 万吨硬煤。当前，英国居民平均每人每年消耗 4 吨煤，这个数字在 1800 年是 1 吨，1860 年是 3 吨；德国今天的人均耗煤量为 1.5 吨（硬煤和褐煤）。

尽管英国的煤矿几乎遍布全国，但东南部以农业为主的各郡却完全没有煤矿。因此，除威尔士和布里斯托尔，主要由北部的达勒姆、诺森伯兰、诺克、德比和兰开夏向全国供应煤炭。这些煤中的 2/3 是含沥青的煤，1/3 是无烟煤，特别适合高炉炼铁使用。最深的矿井已经达到 900 米，那里的温度可能达到 25 摄氏度（原文如此）。人最多下到 1200 米，尽管钻探至 3300 米时证明仍有矿藏。现在已不能下去的矿井，过去还有空气和阳光，当然这是很久很久以前的事情。

XIV 英国的煤和铁

国家对帝国的 19 个产煤区实施监督，其监督范围遍布 500 座煤矿。这种国家监管体制是 1842 年在慈善家沙夫茨伯里勋爵倡议下由议会决定建立的，以防止煤矿生产中可能产生的弊病。监督的目的之一是要特别防止妇女和儿童下矿井，以及贪婪之徒担任矿主。我们从左拉的《芽月》中可以了解矿工在地下所面临的险情。在主要巷道所在的空间，有通往各个方向的隧道，熟练的矿井工人们把部分煤层留在隧道内，直到最后才开采，以防止矿井提前坍塌。所有巷道都铺有铁轨，上面行走的自动装卸车均由长鬃马匹牵引。这些马长期不见阳光，它们在矿井出生、工作，最后死在矿井。引进新鲜空气和抽掉井底水，以及排掉用过的废弃物和含煤气的空气，需要采取很多措施。白天和晚上、夏天和冬季上班的区别是不重要的，因为地下温度和灯光照明都是恒定的。空气输入、泵水、运煤及其他工作，均用蒸汽机取代了手工劳动。这一切都需要训练有素的技术人员和官员。尽管有各种安全措施，煤矿每年仍有罹难者；死亡人数估计约为 1.63‰，大约为 1000 人，其中有 700 人死于气候的原因。

这种"黑色钻石"从矿区通过水路或铁路运往港口或国内的工业中心。这取决于煤矿的远近，运输越是顺利，煤炭越是便宜，这也就决定了产品的价格。没有煤炭，英国的工业不可能成为世界工厂。

除了煤，铁也是世界经济最重要的要素之一。对金字塔的考察中发现，埃及人在

英国煤矿区

公元前3000年就已经知道有铁,并以其制造工具。但只是到了我们的时代,才有了完美的炼铁技术,使我们有可能便宜、更好和普遍加以利用这种物质。罗马人用威尔士的铁矿,采取"脚踏技术"制造熟铁,但当时熟铁的价格要比今天贵100倍。中世纪炼铁也使用木材和木炭。英国森林几乎被砍光,大约150年前硬煤开始用于炼铁。只有煤铁联合起作用,才使得新时代的炼铁生产和机器制造有了巨大的发展。

今天世界各国每年所生产的2200万吨生铁中,1886年只有6870665吨生产在不列颠岛上,西班牙、葡萄牙和意大利大约提供1/8所需的矿砂;但最近几年生产不断减少。美国提供4.75%,德国是3.5%,法国是200万吨。这个数字似乎已达到消费需求的界限,不会再增加。市场上的生铁价格,也开始普遍大幅下降。在不列颠的土地上,大部分铁矿在诺克郡;同样,坎伯兰郡、北安普顿郡、兰开夏郡和斯塔福德也因生产生铁而提高了自己的身价。铁矿最集中的地方是克利夫兰郡,蒂斯河口的米德尔斯伯勒市可以看作是英国铁工业的中心,而格拉斯哥几乎集中了苏格兰的全部铁矿。大约60年前,贵格会教徒在这块荒芜的土地上,修建了现有6万居民城市的第一栋房子,这就是米德尔斯伯勒市。数十座世界上最大的高炉竖立在这里,后来人们才知道,罗马人也曾在这里找过铁矿。全英国有770座高炉,其中有550座在生产,而这550座中的近100座就在米德尔斯伯勒。日夜冒着烟火,船坞和港口异常热闹,

英国工业城市

XIV 英国的煤和铁

机车在怒吼，火车在奔驰，运输高炉废料的列车震得大桥颤动不已。被煤烟熏黑、精神麻木的工人，就是铁厂给人留下的不灭的印象。铁生产的大户，东方有米德尔斯伯勒，西方有巴罗-弗内斯。在这里发现的血石，不到10年就使得这个偏僻的渔村变成了有5万人口的兴旺的工业城市。它的拉姆斯登广场可以和任何御花园相媲美，城市附近的炼铁厂，使人想起了克虏伯所在的埃森，或者比利时的Creufot。英国当然不会在半路上停下来，生铁再加工成铁轨、铸铁、钢材和各种钢铁制品。大约价值10亿马克的钢铁制品每年从英国通过海运运往世界各地。最近越来越多的贝塞麦转炉钢，以及用托马斯·吉尔克里斯特方法炼出的去磷钢和低碳钢，逐渐淘汰了锻铁；铁路开始用钢轨代替铁轨，同样对于车厢、大炮和桥梁，人们也选择钢材。这样一来，在英国（德国也是如此），贝塞麦转炉在很多地方取代了搅炼炉。不列颠生产的贝塞麦钢锭，1886年达到1570520吨，另外还有730443吨贝塞麦钢轨。

众所周知，不仅是煤炭和钢铁，英国的锡、铜和铅也在世界市场上名列前茅。早在公元前，地中海国家就从西南不列颠取得了锡；尽管国内储藏丰富，仍然需要从外国进口相当一部分才能满足需要。进口更多的还有铜和铅；生产铜器、武器和煤气管道都需要大量的铅。化学工业也是需要很多铅的行业。锌和化学品生产方面，英国早已把头把交椅让给了德国。

XV 老英国的纺织业和金属加工业

采掘自然界地下宝藏的需求使聪明的人类发明了蒸汽机作为其强大的盟友。机器的动力使人的创造才能以难以置信的速度不断提高。人的各种功绩有了神奇的发展，时空的概念使力量和材料有了全新的形态。除了蒸汽，人类还用上了电力，这种瞬间和温顺的金属幽灵，闪电般地征服了世界，使金属摆脱了固体形态，使黑夜变成了白昼。只是有了我们时代的这种进步，才使今天的生活水平不断提高，尽管一些文明国家的人口从1800年起有了成倍的增长。表明这种进步的统计数字多得不胜枚举，我们在这里只能简单提及。根据恩格尔博士的统计，蒸汽的力量在机器固定状态下，其提升能力为一马克2.97吨·千米，马为0.45，人类为0.15。在平行运动中，一辆蒸汽机车靠一个马克可行224.52吨·千米，马为8.51，人为1.90。根据普鲁士《农业编年史》的数字，在同等效率下，蒸汽机如果需要1个马克，那么马则需要2.2，人需要36。蒸汽机的完善和普遍应用逐渐改变了劳动者的关系。过去一个工人管理一台纱锭机，现在一个工人可以管理1000台甚至更多的纱锭机。手工劳动制品已无法与机制产品质量相比。一件诺丁汉的薄纱，其今天的价格是100年前的1/50。过去一个工人一分钟可以锁5个网眼，而今天用网眼机在同一时间锁的网眼可达26000个。

结果很清楚，工人，特别是英国纺织工人，逐渐变得多余。本来已存在的不列颠人民的社会困惑，现在由于千百万人失业而进一步加剧。近几年来下滑的经济引发了消费税的减少、工资的降低和需要援助人数的增加。1886年2月伦敦发生的骚乱，被怕事的人说成是大规模社会变革的预兆。然而，首先这种说法是没有道理的。英国工人都很理智，组织优良的工会在最严重困难面前保护它的成员；仲裁法庭调解工人和雇主间的争执，而且更主要的是英国尚在繁荣的经济中，这足以让这些勤奋而聪明的人得到合理的结果。工业技术的进步，使得人民的需求也在进步。比方说，100年

XV 老英国的纺织业和金属加工业

前只生产二三百万千克棉织品,今天已经变成了20亿千克。作为生产力的工人,每人的效率都在提高。当1817年的520万工人增至1871的750万时,每年生产的剩余价值却增加到了70亿马克。英国在世界工业和交通中的统计数字,使人感到吃惊。劳资双方联合生产商品价值,不得不让人对人类的创新能力感到十分骄傲。

英国土地上有一个地方在我们世纪的高速进步背景下有明显的表现,那就是棉城曼彻斯特。它的历史可以追溯到罗马时期,一直到不列颠英雄传说神奇的巨人时代;通过考古挖掘的各种发现得以证明阿格里克拉的曼楚尼(mancunium)就在这里。两座基督教堂在7世纪就已存在,而且很早以前就有一座石桥架在欧威尔河上。在伊丽莎白时代,这座城市曾在新教运动中起过作用。内战时期,它的要塞曾抵挡过国王军队的袭击。当时,来自爱尔兰的棉纱和来自塞浦路斯与士麦那的棉花,就曾运到这里进行加工。1660年时,该城只有6000居民,在它高低不平的小巷之中甚至没有马车行驶,也没有出版的书籍去安慰人们的精神生活。人们早上6点就去上班,7点吃早饭,师傅、帮工和学徒一起在桌旁用勺子吃甜羹,然后喝旁边的一盆牛奶。在欧威尔河及其支流梅特罗克之间的老城,为摆脱要塞的控制,形成了外在的一个城区,甚至包括西北位于欧威尔河畔的索尔福德。到了19世纪,它已有居民10万。城中的烟囱纷纷伸向天空,替代了树木,取代稻草和谷物的是周围的石料和灰浆,水晶般清澈的河水变成了黑色的泥潭。原来在自己家中干活的个体纺织工人,不得不进入工厂学习使用蒸汽机及其他机械。阿克莱特(1769年)和克朗普顿(1786年)的发明成为今天纺织机械的基础,在他们之后又出现了新的改良,开始普遍用机械生产纺织品。但由于欧威尔河不能行船,只能用车辆把成捆的棉花运至最近的港口利物浦装船。但这需要一整天,即使布里奇沃特大公爵雄伟的运河于1767年对外开放仍不能实现快捷又便宜的交通运输。于是人们委托斯蒂芬森设计修建铁路,但事先他不敢告诉议员们,只说想设计一条时速20英里的铁路,他怕会被看成是疯子,设计也不会被批准。1830年9月15日,铁路全线通车。只是到了这时,曼彻斯特才算繁荣起来:"诺森伯郡"火车的时速不止20英里,而是50英里。惠灵顿公爵和其他著名人士坐上了英国铁路线上的第一列客运火车。

"棉城"给人的第一印象就是不佳。空气中弥漫着浓浓的烟雾,这里有高耸而阴暗的房屋、潮湿的气候,房子中间没有一块绿地,街道千篇一律,使人感到无聊,而且大多很狭窄,相互拥挤在一起。这里的人口密度比伦敦还大。这就是曼彻斯特给人的初步印象。但人们也会遇到几条宽阔的马路和几座新建的哥特式宫殿建筑。一路电

曼彻斯特自由商业大厅

车或公共汽车可以带你去参观城市的另外一面——远离工厂的区域，在那里可以看到成百栋漂亮的别墅和绿荫葱葱的公园。人们会发现，"棉花勋爵"和富有的名人像英国其他各地的一样，也是懂得如何享受新鲜的空气。他们善于在机器和仓库以外寻求自己的休养胜地。

曼彻斯特—索尔福德双重城市有欧威尔河上十数座桥相连，因此两地在空间上是融为一体的，尽管在行政事务上各有其独特的地位。它就像德国的双重城市乌珀塔尔的埃尔伯菲尔德和巴尔门，只不过这两城都很长，只在狭窄处有所接触。而且40万人口的曼彻斯特和人口只有其一半的索尔福德各呈半圆形相互连接。古代的建筑中，大教堂处于河畔首位，虽然规模很大，但在建筑上没有什么特点，不被人留意。这座15世纪的建筑同英国其他教堂无法相比，反倒一些近代的建筑却更有特色。1877年花费2000万马克修建的市政厅，它的中部塔楼、尖拱窗户和屋顶小阁楼，使其看起来像布鲁塞尔市政厅。英国哥特派大师沃特豪斯是曼彻斯特的重要建筑师，他既没有模仿荷兰建筑的石雕装饰，也没有模仿他们的对称模式风格。尽管规模宏大，三角形地面结构的应用，使得这座市政厅的位置仍然恰当合适，从几何上看它正好处于城市的中心，距离南面的中央车站和北面的交易所都只有几分钟的路程。交易所大厦也是70年代建成的。它辉煌的大厅是帝国最大的大厅。星期二和星期五一点至两点是棉花交易时间，来自利物浦、奥尔海姆、博尔顿、罗奇代尔、普雷斯顿、贝里、斯托克波特、威根和其他城市的大商人和工厂主都聚在这里进行交易；尽管如此，大厅里只能听到喃喃低语，没有高声的讨价还价，像巴黎的交易所那样。买主或他们的代表都聚集在编号的柱子旁。他们简单明确地提出报价，没有时间讲客套话！人们都会讲英语，不必进行翻译，只要会说话就能解决问题；思考一下价格，或者疑惑地向旁边看一眼再沉默瞬间，然后决定是否接受或拒绝报价。短短的几句话，常常就决定了百万马克的交易。这个大厅里的年交易量超过60亿马克。下一个建筑就是司法宫，这是棉花城里最辉煌的建筑，也是一家教育机构。切塔姆宫还没有完全建成欧文高等学校（现在已有1500在校学生，正在扩张，或许能够超过同等的机构），它的前身是维多利亚大学，一所旧式人文中学，是为女孩建立的高级中学。很多科学和艺术团体维护着这座大城的精神生活。商业大厦是个特殊的建筑，它那可容纳5000观众的礼堂里经常举行音乐会，名声远扬。

所有这些都不能改变这座城市的特色。它的财富和地位仍然依赖纺织品生产和机器生产的经济活动。大不列颠的2674座纺织厂中，有2000家都在兰开夏郡。这个郡的所有工业城市都以曼彻斯特为共同中心。50万台纺织机、4400万个纱锭，从早到晚由约20万男人和30万女人操作着。今天的生产方式是如此完善，机器生产的棉线共460包，每条840 Nards长，一磅重，每磅棉线就有340千米长！城市郊区的烟囱冒着浓烟，车间里的锤子不断敲打，齿轮发出声响，纱锭不断旋转，而在城市里面，货物不断高高地堆积了起来。波特兰和莫斯利及乔治大街，使人想起了中世纪大商人们的库房；他们曾将整船的棉线、未染色的棉织品或者彩色的平布运往欧洲市场或东方的巴扎。

如果说兰开夏郡的名片是棉花，那么邻近的西区即诺克郡的西南部，就是羊毛及精纺毛纱、粗纺毛纱和再生毛；在毛纺厂，驼羊毛和马海毛占据首要位置。生毛的主要市场是伦敦，来自世界各地的大批生毛运往此地，供应给英国的600万纺锭和16.4万台蒸汽纺织机加工，其中大半部分位于诺克郡，加工后再运往世界各地。毛纺业是英国最古老的行业之一，早在恺撒时代，来自英国的毛料就闻名于世。在17世纪以前，毛纺业都还是手工生产。中世纪末期，当荷兰的布匹优于英国时，逃难的佛兰德人重操旧业，引入纺织机械和蒸汽机，使手工毛纺业发生巨大变化，变成了棉毛纺织工业：用26道精密的工序使生毛变成布匹，其中的一半用机器完成。今天，英国毛线和毛织品的产值，已达到每年10亿马克，其中的一小部分出口，大部分本国消费。

哈利法克斯、哈德斯菲尔德、布拉德福德和利兹这几座城市都在曼彻斯特东北方，是英国毛纺作坊的中心地区。这几座城市的主要城市是艾尔河畔的利兹，艾尔河是向亨伯河流去的乌菲河的一条支流。它的历史、年代、发展、位置、建筑形式、今天的规模，一切都和曼彻斯特相似，唯一的区别就是后者通过索尔福德的加盟而实力有所加强，利兹则一切都是为了羊毛。此外，利兹和曼彻斯特及其他工业大城一样，当然还有其他工业，首先是机械和化工；蒸汽机也是"这个世界的钢铁巨人"，它的三名帮手——水、煤和铁，也正好就在近旁。尽管如此，今天利兹900多家较大的工厂及其周围的一切，如果没有人的勤奋精神是不可能发展的：精力充沛的诺克郡的男人们懂得如何充分利用自然资源。200年前，邻近地区和利兹本地生产的布匹，每周两次在艾尔河桥上出售。交易完成后，桥旁的厨房向到城里来的毛纺工人提供"一盆啤酒、一锅浓汤和一块肉"的工餐，而今天的利兹只知道在几百家工厂和大库房里堆积产品，然后以天文数字进行结算。大部分来自澳大利亚的生毛，将在军营一般的建筑里分类、清洗、梳理、纺织，最后加工成为布料。每个工厂只做其中的一道工序，也就是说有一定的分工。看一眼这种工厂的车间，就像121页插图所示那样，我们就会突然发现大

XV 老英国的纺织业和金属加工业

工业世界的神奇。创新并不靠人的体力，而是他们的精神力量战胜了大自然。他们以游戏般的轻巧，把整个机器系统大大小小的部位不停地启动。纺纱之王约翰·马歇尔和著名的麦考利，就是利兹（1833年）进入议会的代表人物。

可以想象，如此重要的城市一定也是交通网络的枢纽。除了数条铁路线路外，利兹还有一条200千米长的运河同利物浦连接。这就使得此地以及向东流去的艾尔河直接进入爱尔兰海和北海的水路网中。像曼彻斯特这样的城市，重要的不是古老的圣约翰大教堂，而是现代化的市政厅。它才是利兹最豪华的建筑，有着用群柱装饰的宫殿，采用帕拉迪奥的风格，1858年由女王主持开启；它的维多利亚大厅每逢举行音乐会和圣殿活动时，都给人留下无比辉煌的印象。

托马斯·巴宾顿·麦考利

曼彻斯特和利兹之间的工业中心是布拉德福德。这里主要生产毛线和毛线制品，但这座工业城也生产绸缎、丝绒、布匹、机器、亚麻布和棉布。它的历史还到不了诺曼人移民时代，它城徽上的熊据说与末日审判书中提到的一片大森林有关。这里曾有过一个"布拉德福德庄园"。一位老历史学家认为，在16世纪初，这是"一个可爱而勤奋的贸易城市，主要是制作服装"，"能干的修鞋匠"也是这座城市的一个标志。在那个美好的古老年代，女人和孩子在夏日傍晚都会坐在门口的纺车前进行最后的祷告，然后与邻居们闲谈，并听着沉重的马蹄声的到来。那是商人来送新羊毛，用以交换已纺好的毛线。当年，第一车货物运来时曾是一件大事，引得不少戴辫子的贵族摇头不已。但当时的空气还一直清新和干净，清澈的河水中还游弋着鲑鱼，几乎每个家庭都有一个花园。利兹和利物浦之间的运河开通以后，第一座工厂的烟囱立起来时，就标志着美好的古老年代已经过去——布拉德福德也将变成一座大城市！但当默加特罗伊德先生1798年为第一座工厂运来第一车石料时，一批不满的工人拦住道路，因为他们认为机器将给他们带来失业和苦难。工厂挥动强大的诺

利兹马歇尔纺织厂的机织车间

克拳头解决了这次危机。可是以后,特别是安装第一批纺织机时(1822年),却多次动用武器。新时代,在所有商业地区,商人和税收官员之间经常发生摩擦,这个羊毛城的发展,也曾引起人们不安。沙夫茨伯里伯爵坚持通过了"10小时工作法",他的善举使得工厂的工人和过度劳动的儿童得到好处。恰恰在布拉德福德,伯爵对当地的苦难深有感触,使得工人阶级受到比其他工业大城更好的待遇。女人们头上围着头巾,男人们穿着木拖鞋,白天有时去广场明亮的大厅,或者在星期天去城中四家公园休闲。这些公园不仅对大众开放,而且也比其他大城更为讲究。通往宽阔的市政厅的道路,与众不同的景观,给人以全新的印象,其建筑风格完全不同于其他公共和私人楼阁。布拉德福德对众多大工业家取得的成就感到自豪。泰特斯·索尔特先生在城北建立了以他命名的所谓模范工人小区。他发明了驼羊毛制品;为千万工人的福祉,为布拉德福德的繁荣,他受到大家的赞扬。还当选为市长,被封为伯爵。在他生前就有一座大理石雕像立起来纪念他,后来死于1876年。在邻近的曼宁哈姆的利斯特工厂,也是布拉德福德的一处世界级名胜:一个人做出令人惊叹的巨大成就,对这种工业贵族,人们只能充满尊敬。对我们德国人来说,我们对布

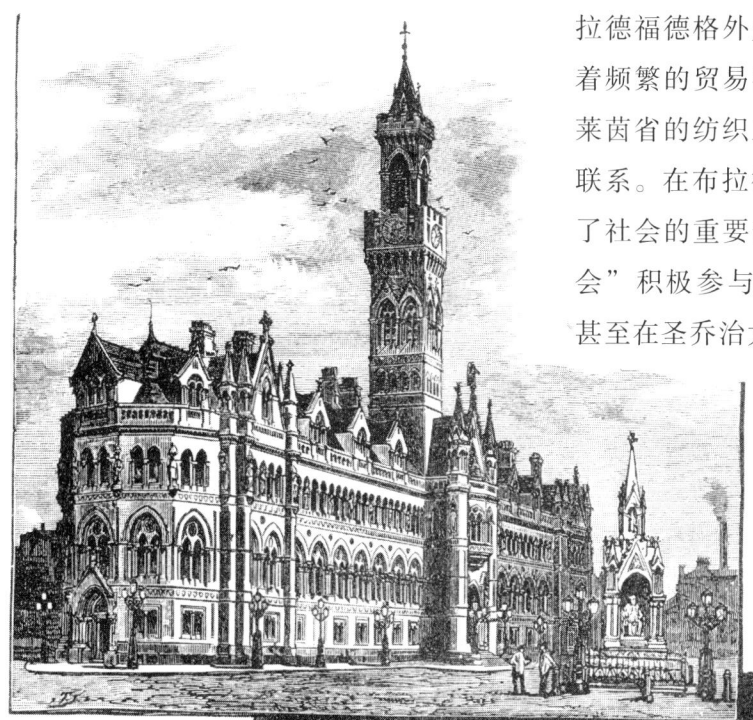

XV 老英国的纺织业和金属加工业

拉德福德格外关注,因为它同德国有着频繁的贸易往来,具体说,与我们莱茵省的纺织工和印染工有着密切的联系。在布拉德福德的德国团体形成了社会的重要部分,那里的"席勒协会"积极参与这座城市的音乐生活,甚至在圣乔治大厅举行过演出。

来到曼彻斯特、利兹和布拉德福德,要是没有参观工厂区和棉毛生产区,会是一大遗憾。如果乘火车向西到了另外一个工业中心,人们会看到世上仅有的黑色、烟雾笼罩和喧闹的地方。那就是无比丑陋的谢菲尔德。城里的街道狭窄曲折、高低不平,行走艰难;圣保罗教堂和圣彼得

布拉德福德市政厅和议会

教堂周围很少有像样的建筑,无数高大的烟囱取代了漂亮的塔楼。没有任何绿色植被,大多地方看不到明亮的阳光。雾气和烟尘,遮住了人们的眼睛。欧洲大城市中没有哪一个像谢菲尔德那样很少有历史遗迹和养眼的建筑,而居民却有30万。城中只有两座建筑可以追溯到中世纪:很少装饰但最近又重新修复的施鲁斯伯里家族的宅邸,以及多次改建、有四方塔楼的圣彼得教堂,当然还有15世纪的施鲁斯伯里的陵

墓。其他教堂均来自近代，特别是来自最近20年，均是在诺克大主教极力建议下才修建起来的。施鲁斯伯里伯爵原来的城堡已在地震中消失。今天的庄园殿堂曾是关过苏格兰女王玛利亚·斯图亚特12年的监狱。当年，整个谢菲尔德还属于伯爵家族。它今天的代表——诺福克公爵把城市的大部分土地卖掉，收获了大量财富。

比最老的建筑还要老的，是唐河和谢菲河（谢菲尔德名称的来源）畔的这座小镇的名声。这里锻制的箭弩，虽然不可追溯到罗马时代，但在坎特伯雷历史上，磨坊工人使用的刀具却都是谢菲尔德当地的产品。1624年议会通过的一个决议，规定了刀具匠行会的权利和义务；直至今日，行会的成员还在刀具匠大厦的圆柱大厅里聚会。但在讲求平等的今天，他们已经没有从前的地位，就像伦敦城内的一切行会一样。每年一次由刀具匠大师主持的盛宴，是刀具匠行会一次重要的亮相。刀具匠行会并不因此而失去对谢菲尔德原来的意义。统治大海的英格兰使全世界都屈从于它，但谢菲尔德的刀、剪、手携武器、锉刀、锯子的质量甚优，为生产这些需要数千名优秀工匠，他们制作、加工和配置各个零件，提供的成品可称得上艺术佳作：百片刀刃的刀具、微型剪刀、细致雕刻的珍珠食盘等。最近，谢菲尔德的大钢铁工业也变得更重要了。布朗公司和桑斯有限公司的"阿特拉斯工厂"属于世界最大的工厂，主要生产战舰和坦克炮塔，还有铁路零配件、钢炮、蒸汽锤和各种机械；木船和港口要塞的石墙，越来越多地被钢铁护板所替代，唐河畔的工业也就得到越来越蓬勃的发展。在镀金属物品，如缆线、针、弹簧、农业工具、光学和医用器械、玻璃灯具和脚踏车方面，谢菲尔德是英国除了伯明翰以外最重要的产地。在闷热和烟雾弥漫的金属制品生产车间停留，特别是在磨轮旁，比任何手工劳动对身体都更有害：在2500名磨轮工人中，只有40人活过50岁，在80名磨刀匠中，没有人活到35岁。他们均早早就患肺病而亡。为保障工人的健康，人们做了很多尝试。城市郊区市政当局也在工厂主和富贵人家居住的郊区修建公共公园，吸引工人们前往。但在星期日能去郊外休闲的工人，终究是少数：几代人在单调乏味的环境中劳动，所以人们经常会在谢菲尔德街上看到残障、面容憔悴的人，只有到附近的德比郡才能在美丽的风光中吸一口新鲜空气。

世界最大的金属制品工厂城市是位于老英国内地的伯明翰。它从很远就向旅者展示了它从地下到空中黑灰色的主调。很多条铁路通往市中心，大多穿过隧道。从新街总站下车后，你可以散步在一条能走一小时的路上，从东方的马丁教堂到北方的雪山车站，到了西方就可以看到大宾格勒大厦及本城的其他一些有名建筑。这座世界商业大都市有名的建筑并不多，而且几乎没有一栋公共建筑与这座世界都市相匹配。但此

XV 老英国的纺织业和金属加工业

地人口众多，连同郊区共有 50 万居民。一切都拥挤在新街上，它是这座工业城市的核心和辉煌；街上有最豪华的商店，但这也只是这座大城市唯一的亮点。它最为抢眼的地方是六条街道会合成的广场，这里有市政厅的圆柱式笨重建筑，部分是模仿帕特农神庙，尽管那座希腊原型没有褐金色的闪光部件和千百个建筑风格小品。在几乎占据整个二楼的巨型大厅中，城市的上层社会到这里或听音乐或举行会议，各党派也在这里进行激烈的争论：音乐会或政治集会这两者都对伯明翰的历史有重要作用；音乐会体现为城市的骄傲，而后者显示政界的敏捷和果断。

对画家和考古学者来说，它没有可取之处，可世界对其工业却极有兴趣。城市没有久远的历史。《末日审判书》里首次提到它的名字是在 17 世纪反抗查理一世的内战中，其中提到内战中使用的长矛和佩剑皆是这里的产品。今天，阿拉伯国王吃羊肉米饭时使用的是伯明翰的勺子，埃及的帕夏喝饮料时用的是伯明翰的酒杯，或者在后宫用来照明的是伯明翰的水晶吊灯。美国的印第安人狩猎或作战时，用的是伯明翰的火枪。纵情享乐的印度人在他们的餐桌上摆放的是来自伯明翰的镀金餐具和现代灯具。南美牧马人奔跑在大草原上，他们皮靴上的马刺、上衣的纽扣，也都来自伯明翰。新旧世界的儿童玩着伯明翰的玩具，东方的巴扎和小店的缝衣针、纽扣和带扣、钥匙和小摆件，也都来自伯明翰。各种金、银和廉价金属制品，玻璃和硬纸板产品，大头针和军刀，钢琴和机器，车辆和小钢琴，伯明翰都在世界贸易中占有一席之地。伯明翰的钢弹簧在全世界都有销售市场。有一点我们不能保持沉默，即这座城市的某些产品被称作"价廉物差"。很多车间由于设备先进、工人技术高超，使访客激动不已。第一批钢弹簧于 1824 年由佩里生产，每只售价约合 3.5 马克；过去几个世纪都是使用铜弹簧，所以极其昂贵和稀有。后来，佩里在梅森的帮助下简化了工艺流程，使价格降低到每只一个马克，然后是 9 只 5 个马克。我们的父辈对这种低价感到吃惊——而今天工厂主买一个钢弹簧只需付 20 芬尼！这种降价行为开始于吉罗特和米歇尔发明的机器。每只弹簧都需经过几十道工序，使用机器钻孔、分离、加热、试压、弯曲、再次加热、冷却、擦净、抛光、清洗和包装。伯明翰为什么在这个领域处于世界领先地位？用一个事实就可以说明。它每年生产的弹簧比欧洲大陆所有国家加在一起还要多。而且到今天为止，德国只有一家工厂生产钢质弹簧（柏林海因策布朗克尔兹工厂，1856 年建厂）。

除了吉罗特、米歇尔和佩里的钢质弹簧工厂外，奥斯勒的玻璃制品厂和博物馆及埃尔金顿的镀金和镀银制品厂也是伯明翰的一大景观。工厂大楼从外表看就像一座宫殿，其中生产各种日用和奢侈产品，从主妇用的缝衣针到先知陵寝上的水晶王冠，以及豪华的金盆和贵族餐桌上的黄金餐具。伯明翰的大工业家当然大多住在新郊区，特别是南方的埃德巴斯顿，那里有"西方列车"通过。除了那些白手起家的人们使得城市工业繁荣外，伯明翰的神学家兼物理学家浦斯斯特利、历史学家弗里曼、图书出版家拉斯克维尔、博物学家达尔文和发明家博尔顿及瓦特，也都在伯明翰生活过。瓦特的实验室就在城北的索霍小村。开始时试验装置被煤气烧掉，后来进行了上百次试验才使得蒸汽机得以完善，从而大大节约时间和人力，成了人类忠诚而强大的朋友。通过这场不流血的革命，世界动力机被推向了新的轨道。只要想一想这个事实，就足以使这个丑陋的工厂城市在文化人士的眼中获得特殊的浪漫光辉！

在德比和斯塔福德郡边缘的绿色森林中，特伦特河畔的酒城伯顿麦芽清香味道远扬。这里的一切都围绕着啤酒，梅瑟公司的啤酒瓶上有一个三角标志。巴斯公司在伦敦、巴黎和印度都受到欢迎，梅瑟也是如此。奥尔索普和其他公司每天发出长长的啤酒列车。如果说尼罗河河谷的标志是金字塔，那特伦特河谷则是酒桶堆成的小山峰；根据最近的统计数字，仅巴斯公司就存有543869个啤酒桶！尽管人们对参观酒厂不太感兴趣，但伯顿的酒厂的规模之庞大，仍引起众人惊叹。最近阿瑟·巴斯先生被女王授予上议院议员称号，在上议院有了自己的席位，这也算是顺理成章。

XVI 威尔士和马恩岛

就土地的地理构造而论,威尔士有一种特殊的地位。如果说老英国原本从北到南都是高原,作为一条明显的界线把农业区和工业区分开,那么威尔士由于三面临海,又因山多而肥沃的土地较少而自成一个单独的国度。其语言、历史和风俗都保持了独立性,而且较晚归属于东方大国的势力范围。威尔士国内的志留纪和泥盆纪的岩石、页岩、石灰岩和斑岩都表明,英伦三岛的这个部分是当英国其他地方还在水中的时候,就已经成为从海中升起的陆地。威尔士高原从东北到西南有斯诺登、伯温和普林利蒙三大山脉连接,而黑山却相反,它是西向东走向,其最高点是五岭斯诺登,一座野性十足的原始高峰,海拔1090米。从它山巅的观景平台上,晴天时可以看到北方和南方的大海及安格尔西岛;在西部的远方有一道灰色长线,那就是爱尔兰的威克洛山;而在北方视线内可看到另外一块小云,那就是马恩岛和坎伯兰郡。如果没有闪烁蓝光和冒泡的海水,整个景色就是一个小型的瑞士阿尔卑斯山的风光,甚至连荒芜的高原沼泽和阴暗的山中小湖也不缺少。只不过在河谷当中,特别是开阔的河口盆地上有一块富饶的农田,河谷大多成了威尔士12个郡县的界线。这里的铁路带来了东方文明。过去老英国开辟道路用的是大军,而今天是用火车开进了这个自由的山之国。威尔士的河流当然都是短途的山泉,对航运没有任何意义,不过当然有例外,就是北方的迪尔河和南方的塞文河。后者按现在的边界,实际已经不属于威尔士,它正位于切斯特和加的夫之间的斜线上。

威尔士人的历史像他们的岩石一样十分古老。在历史上,当西北欧的人民刚刚苏醒,在东方和南方敌人的攻击面前,这里的居民就逃亡到山中的天然堡垒之中。他们直到今日仍居住在那里,他们的吟游诗人在竖琴的伴奏中赞美传说中的英雄。他们在几个世纪里勇敢地对抗撒克逊人、丹麦人和诺曼人。甚至在大海的彼岸,在哥伦布

斯诺登山上的山泉

之前 1000 年，就曾有过胜利的功绩。由于地域隔离，威尔士用它陌生的语言写了不少民歌，讲述古老的叛变和国王欧文·格伦多维，讲述勇敢的骑士勒韦林，讲述海上英雄亨利·摩根和王子马道克，几乎都没有超过塞文河谷的范围。威尔士的语言被专家们认定为是词汇丰富和包容开放的，甚至现代概念中其他文明语言无法说出的词汇，都可以用西姆里民族的歌喉表达出来。

英国国王爱德华一世 1282 年成为威尔士的君主，之后逐渐修建巨型堡垒；直到威尔士 1536 年终于归顺英国王朝。尽管如此，下层人民除了英语仍保留了古老的威尔士语言。136 万威尔士居民中，仍有 100 万人说西姆里语。当然大多数人也能听懂和说带有异调的英语，"会说撒克逊语"的人越来越少见了。英国圣公会教堂已不再排斥威尔士的方法论和加尔文派的做法，即安息日定于星期六晚上至星期一上午。除了其外表，包括漆黑的头发和活泼的眼睛以外，威尔士人的理念、风俗和习惯也和大不列颠其他族群有很大区别。我们基本可以看出，威尔士人同法国北部的布列塔尼人有着相同的血缘。他们也很迷信，热衷于音乐和诗歌艺术，但在经商实践和诚信方面就不如撒克逊血统的英国人了。在古老的德鲁伊德人的祭祀台前，或烈士纪念碑旁，或在大海包围的礁石之旁，这里的军民有时集会举行歌唱比赛，城乡居民、诗人和竖琴手一律在纽扣上夹着葱叶（威尔士的标志）。一位勋爵被选为主席和裁判。独唱和合唱在上百台竖琴伴奏下轮番上演。战歌和狂想曲赞美民族伟大事业，现场还举行板岩分割和板岩雕刻比赛，并奖励优秀的工人。这都是真正的威尔士手工艺术。

威尔士内地风光，它的礁石和沼泽、森林和草原，以及它的山间溪流，都吸引着行者的眼球。大海的波涛冲击着石砌的岩壁，没有树木和树丛点缀着粗壮礁石的表面。狂风暴雨在它上面飞过，在这块明亮的岸边岩石上很少有安静的阳光，而无垠的大海就在它的脚下漂动。在西南方，楼一般高的海浪冲击着大陆，少数硬石在拍打中离去。在这个被捶打的海岸，千百年中逐渐产生了岩洞，这是地球上别处不可看到的美景。大海平静时，在浅绿色的水中会出现礁石的倒影，轻轻地呼吸着抱住它的脚，而在阳光照耀下阳光会深照到岩洞之中。高浪来临时，它会拍打着这些海岸岩洞，用高高的浪花遮住岩洞的入口。浪花冲击着岩石，发出雷鸣般的响声，连海鸥都吓得飞了起来，就像威尼斯马克广场的鸽子，英国西海岸则是强劲的白色海鸥；它们携带着当地风光的气息，展开银白色的翅膀，高声尖叫着在海浪上滑翔和飞行，在大海上展示一幅独特的动态画卷。某些在海中竖立的礁石，曾被千百万海鸥驻留，为大陆人表

南威尔士利德斯特普河畔的岩洞

演了一场奇特的大戏。如果过往船只向这些礁石上放一枪，那些受惊的海鸥就会鸣叫着飞散。

煤铁业开始在英国经济上起作用时，经济至今平静的威尔士也逐渐兴旺了起来。在黑山南坡，人们发现了巨大的煤矿储量。过去是大草原的地方，过去是放牧牛羊的地方，过去人烟稀少的河谷地区，短时间内出现了上百座矿井，到处竖起了象征工业的高高的烟囱。除了"黑色钻石"以外，还发现了丰富的铁矿。威尔士西南角上的格拉摩根郡在很短的几十年中就由几小片土地发展成为人口众多的工业中心。老英国各郡中，浓烟开始密布，车间里蒸汽锤开始敲打。从梅瑟蒂到加的夫、纽波特和斯旺西，已经修建了一条又一条铁路；高山、山谷、河流、城市都改变了颜色，被熏成黑色。民间说得好：一只白色的鸽子飞过塔夫塔尔，到了斯旺西变成了漆黑的乌鸦。除了铁，威尔士还挖出了铜和铅；斯旺西的铜厂已经远近闻名，从世界各处运来的铜矿石送到这里冶炼和提纯。至于煤炭，阿施山煤矿具有特殊的作用，因为法国海军从它这里获取可靠的燃料。

北部威尔士的页岩采石场弥补了南部各郡矿产资源缺乏的状况。在斯诺登山坡上，特别是在彭林勋爵广大的领地里，旅者可以看到一幅稀有的奇景。他会突然站到一个深不可测的"漏斗"旁，这就是露天页岩采石场。上百名工人用镐头、凿子和锤子穿凿这里的石壁，窄轨铁路和装满石料的火车穿过这里的盆地，常常响起的连续不断的噼啪爆炸声，就像陆军在战场上的枪声。这是帝国最重要的采石场，不仅威尔士，而且英国其他各地也需要这里的石料。

在历史进程中，这里结合当地地形修建一系列中世纪城堡，形成威尔士西北海岸的要塞群。大部分城堡已被克伦威尔变成"美丽的废墟"。这个铁腕庇护者实际是个大破坏者：他在威尔士活动的地区，通过他有品位的破坏，成为今日艺术家们赞赏的目标。米奈大街的卡那封宫是国王爱德华一世 13 世纪修建的坚固城堡。威尔士的民族英雄、深受歌赞的勒韦林，在血腥的战斗中牺牲以后这座城堡才建起。卡那封宫墙内面积巨大，可以容纳一支庞大的军队驻扎。在仍保留的"鹰塔"里，后来的国王爱德华二世于 1284 年出生。坚强的威尔士人只服从于在本地出生的君主，于是国王就让其妻子艾莉奥诺拉到卡那封来等待分娩。孩子出生后，他召集当地大人物开会，问他们是否愿意服从一个在威尔士诞生的王子。这些人根本不会说英语，他就把婴儿举起，用威尔士语喊道："Eich dyn!"（这就是你们的人！）。从此以后，所有的王位继承人都被称为"威尔士亲王"。

卡玛森郡附近的海鸥岩

XVI 威尔士和马恩岛

越过古老的主教小城班戈——它当然也有一座坚固的要塞——我们乘铁路前往海峡北部大海里升起的康韦宫。它和爱德华一世的卡那封一样，几乎是在同一时间以同样的目的在海岸边的岩石上修建的，主要是为了保护内陆富饶的河谷地区。带有牢固城垛的圆塔和城墙包围着宽阔的城堡庭院。某些战争风云在这百年之中掠过，但原来的雄壮城堡现在只剩下一堆古老的灰色废墟在讲述着历史；粗壮的常春藤爬上废墟，没脚的尘土和折断的弓箭占满了原来的庆典大厅。"既不是罗马斗兽场"，诗人霍索恩这样写道，"也不是亚壁古道，更不是

威尔士卡那封宫殿的鹰楼

罗马广场最老的圆柱和任何一个罗马废墟。不管它荒废的方式如何,这座被常春藤包裹的英国宫殿和教堂给人的印象就是一个令人尊敬的遗迹。"这个观察是对这个威尔士侯国的全面佐证。不仅在北方,而且整个西南方沿海,更在东方陆地方向,几乎每一个地方都有宫殿废墟。值得注意的是历史上在威尔士东南角的彭布罗克老城堡。坚固的围墙上到处都是灰绿的颜色,在附近的海水中投下倒影;海因里希七世、理查德三世、莎士比亚和克伦威尔都在这里用两种语言讲述过以往的血腥事件。在威尔士东南,拉格兰宫的圆塔从城堡的沟壑中升了起来,它阴暗的地面进入水中,浓密的攀缘植物遮住了城墙。大多数拉格兰人忠于自己的誓言"我藐视变化和恐惧",为他们的国王而战斗,其中长期服务于威灵顿的副官通过他的军事成绩而首屈一指。他在阿尔马战役中取胜而被任命为陆军大元帅以后,于1855年在塞瓦斯托波尔死于霍乱。

数不清的宫殿建筑使得威尔士的一些城市非常古典。其中最古老的,应该是迪尔河下游的边界城市切斯特。该城罗马时期称为 Castrum,它的直角交叉的两条主路,以及街道终点的四座城门,明显地向人昭示着这就是驻守威尔士的"战无不胜的20兵团"的驻地。切斯特可能是世界上唯一经过千年变迁还保持原貌的城市。我们可以在城市四方的人行路上,从一个终点走向另一个终点。在砂石铺就的围墙边散步,是当地居民最喜欢的运动。这道围墙建于埃塞尔德雷时期,基本保留了罗马城墙的原样,还依稀可见当时的痕迹。几个现代化的城区都是在要塞以外建成的,包括火车总站。城里的老城、美丽的石塔和城门,同德国的纽伦堡有雷同之处,角楼为木质建筑,有些像希尔得斯海姆;房屋向外突出的底层很像瑞士的图恩,其屋前的回廊又像是伯尔尼,只不过切斯特的回廊是在二楼,行车的道路和一些小店都在一楼的下方。作为海港,切斯特由于迪尔河口积沙严重,所以几乎没有运输价值;它的古代名胜、中世纪塔楼和教堂、赛马场及古老的奶酪市场,至少还吸引着英国人的兴趣。

谁要是在切斯特停留过几天,可以就近参观一下伊顿宫,这是英国最大也是最光辉的新哥特式建筑。它的主人是威斯敏斯特公爵,他同时也是伦敦整个城区土地的所有者,属于少有的年收入百万的人。"他每天饮食要花掉1000英镑",老百姓都这样说。另外一个外形上看不太起眼的宫殿是切斯特西部现代最亲民的国务活动家的宅邸。哈登的威廉·尤尔特·格拉德斯通多年前就想寻找一个休闲的地方,以缓解他居高位和竞选的辛劳。他为爱尔兰付出的努力,已经造成不列颠王国政治躯体上公开的伤口。从外貌看,格拉德斯通从头到脚都是个典型的英国人。即将80岁的老人身体还很健康,他那宽宽的额头和一双会说话的眼睛告诉人们他是个掌握人类各种知识的

XVI 威尔士和马恩岛

能人。他 1834 年就已进入议会，做过 25 年主管殖民地的国务秘书。做国家官员的业余时间，他还进行科研和写作。教会和国家的关系、荷马史诗、罗马历史和很多其他问题都是他研究的课题，他也曾出版单篇文章和数卷作品贡献给人们。在他哈登低矮而朴素的工作室里堆满了书籍、纸张和各种纪念物品，甚至连壁炉上面都堆放着图书。但格拉德斯通先生并不是一个愿意蹲在家里的人，而是喜欢新鲜空气和户外运动。在他数千公顷的土地上，他甚至穿着短袖衬衣亲自砍伐粗壮的橡树，用的是他"荣誉的斧头"。他的夫人和他一起参加这些活动。他在哈登还有个副业，就是照顾他宅邸附近的孤儿院。格拉德斯通的大儿子斯蒂芬生活在古老教堂的牧师家中。星期天父母坐在木凳上聆听讲经。他似乎不太计较金钱，每年为照料他儿子的牧师支付 80000 马克。

W. E. 格拉德斯通

什鲁斯伯里居高临下，被塞文河包围的堡垒废墟、古老的玛丽教堂和中世纪的狭窄小巷、二楼向外突出的角楼和深色木框结构的山墙，吸引了不少画家到这里逗留。沿着它的街道继续往南走即塞文河上游河谷，再向南走到瓦伊河洼地，就会看到某些坍塌的要塞和某些精贵的小教堂。在这个低洼的小镇里，可以看到原来宏伟的勒德洛宫殿和赫里福德主教教堂的废墟。美丽的内尔·格温和伟大的加勒克曾在这里举行婚礼。而离瓦伊河畔廷滕修道院不远的古城蒙茅斯，使历史学家想起不少值得纪念的往事。

越是接近南方的工业区和煤炭出口海港，内陆的风光就越失去它美好的魅力。对东方和南方各郡最方便的交通枢纽就是加的夫，它比斯旺西的人口还多，但烟雾较

南威尔士蒙不勒斯的灯塔

霍利岛上的灯塔

少。1885年9月塞文河隧道建成，伦敦到加的夫的交通开通以后（修隧道用了13年，通过隧道却只需要20分钟），加的夫的国内贸易明显提高，甚至将超越老布里斯托尔。

愿意航海的人围绕威尔士做一次航海旅行会发现很多动人的海景画面：不仅是礁石和海湾装饰的海岸，大海本身和繁忙的航运对大陆人来说也是一种特殊的景象。在特别危险的水域，船夫被用灯火指明正确的航道。涨潮和落潮水位的差别，在布里斯托尔海峡为20米，因此这里的灯塔大多修建在高耸的岩石之上（如斯旺西附近的蒙不勒斯灯塔那样），或者在找不到合适的岩石时用照明船替代。威尔士重要的港口当然比较贫穷。除了北方的利物浦和海峡旁的布里斯托尔，只允许使用米尔福德海湾。这里是全英国海军舰队驻扎的基地。威尔士在这里缺少工商业发展的后盾，难于发展大交通，所以，整个巨大的港口只能用于沿海贸易，以及为爱尔兰、利物浦、布里斯托尔等地作为车站使用。

位于威尔士西北方向的小岛安格尔西于1822年修建了一座悬桥与大陆相连。1850年，一座笨拙的箱式大桥甚至通了火车，它犹如一条钢铁隧道架立在海上。越过狭窄的梅奈大街和第二座小岛上的霍利黑德海港，伦敦快车的旅客被送上邮轮，然后越过爱尔兰海，四小时后就到达绿岛的首府。也就是说，人们可以用12个小时从伦敦到达都柏林。安格尔西是一个平坦而无树木的小岛，没有农业也没有文化，尚可以吸引人的眼球。它的养牛牧场受到农民的青睐。相反，爱尔兰海上的第二座岛屿——岩石岛马恩，却有较大的意义。它位于英格兰、苏格兰和爱尔兰三国的中间位置，100年来始终是一个独立政体。直到今天它也不属于三国的任何王室，而是被官方看作一个小国家。最早提到这个当时

马恩岛旁的防御塔

叫 Mona 的岛屿是在恺撒时代，可见当时它就为罗马人所知。不过，罗马人却认为它没有占领的价值，所以至今岛上没有发现罗马人居住的任何遗迹。公元5世纪，岛上不信教的凯尔特人皈依基督教。很快，马恩岛就成了威尔士和苏格兰，以及北欧和英国国王的必争之地。各方为争夺马恩岛进行了所谓的"千年之战"，直到德比伯爵和阿特霍尔公爵最后成了马恩岛的"国王"。直到1825年，通过800万马克的赔款，马恩岛的最高统治权归属了英国。尽管如此，这个岛在某些方面直至今日还处于自治状态。它的政府由一个24名成员组成的下院监护，完全符合民法典的规定。上院由王室选定的政务委员会组成，王室派一名上尉总督监管这个"大不列颠的左邻岛屿"。法律用当地语言和英文颁布；教会事务方面，中古时期由自己的主教负责，他驻扎在建于1226年的皮尔的大教堂。马恩岛人除了自己的语言还保持着自己的特殊习俗，十分迷信仙女和水妖。没有尾巴的马恩猫也是这里绝无仅有的动物，甚至连马恩岛上的动物都别具一格。

这个多山岛屿风景优美，海岸特色受到特有的保护，这种富饶的生态环境使得它的价值大大提高。这里气候比较均衡，比怀特岛还要温和，最热和最冷月份的温差在华氏20度左右。严寒很少见，公园里的爱神木、倒挂金钟和绣球花都长得树般高大。在大岛屿的4个小镇中，卡斯尔顿从来就是首府，但自从众多轮船在道格拉斯停靠，而且岛上的铁路也以此处为中心，漂亮的道格拉斯很快就成了深受人们青睐的浴场，而且发展为人口最多的城镇。别墅和酒店已是这里的常规建筑，这个北方的"阿雅克肖或斯佩齐亚"即将成为"现代化"的旅游胜地。兴旺的旅游带来了财富，但马恩的独特性，却永远消失了。

XVII 英国的浴场

尽管英国人是大陆浴场的常客，但请您千万不要误会，别以为英伦三岛上就没有可治病的温泉。当然温泉数目可能比较有限，不像波西米亚、陶努斯或者瑞士那么多，但在北至英吉利海峡，南至苏格兰的皮克特瓦尔之间还是有不少著名的浴场。当然，最古老的温泉疗养地当属环境优美的巴德，它的名字让我想起了德国的巴登巴登。罗马人在北方的温泉中找到了可以缓解他们作战辛苦的源泉，而且根据胡迪布拉斯传说，此地早在几百年前就有凯尔特原始居民居住。罗马人撤走以后，巴德尽管有一条军用道路与伦敦相连，但还是逐渐被人遗忘。直到伊丽莎白时期，才又有人提起巴德这处治病的泉水。18世纪初，寻欢作乐的朝臣理查德·纳什（也被称为"花花公子纳什"或"巴德之王"）在那里引进了音乐和舞蹈，后来此地变成了赌博之城。这眼华氏120度的温泉很快就不再那么重要，取代它的是这个温泉城"高尚的博彩娱乐"。富人和上层人士从全英国向巴德涌来。但这种娱乐引起了广泛的反感，最后议会于1745年做出决议使其告终。喧嚣的奢侈让位于平静的悠闲，就像大陆很多赌博地狱的命运一样。几十年来，巴德美丽的风光、宏伟的建筑和温热的泉水又重新受到青睐，成千上万的风湿病患者来到这里求医。精干的商人和前印度官员在这里获得了可观的利润。一句话，巴德今天各方面的发展，都可称得上是英国的威斯巴登或亚琛了。

距离大主教城市格洛斯特不远的北方，有一座更现代化一点的城市——切尔滕纳姆，它含苏打的温泉可以用于饮水疗法。常去大陆浴场的客人会奇怪地看到这里几乎碰不到"外来人"：老英国在夏天单独漫游在"林荫道"的榆树下，在疗养院里掌着酒杯慢饮，在网球场上左右奔跑，或者在公园座椅上深思法院对"先驱们"的审判。特别给人以高雅感觉的，是最近特别受人青睐的利明顿。它位于沃里克、凯尼沃尔斯

XVII 英国的浴场

和斯特拉特福附近,实际是英国内陆的中心,是一座美丽的丘陵风光围绕的完全现代化的城市。它的矿泉是 1800 年前后发现的。来这里沐浴的客人也不缺乏各种消遣活动。勋爵患了讨厌的痛风病,他却可以参与这里的俱乐部活动或赛马运动,甚至还可以参加有各种猎犬提供服务的狩猎。在德比郡附近的疗养地马特洛克和巴克斯顿,以及诺克郡几百年前就已著名的哈罗盖特,它们含铁和硫的温泉吸引了不少腿脚病人前来疗养。在巴克斯顿,玛丽·斯图尔特曾多次前来,而且很愿意在这里逗留。有一份文件讲述了她如何与温泉告别的情况,以资证明。

大不列颠的岛国位置,自然就会扩展其所有长处,即它丰富多彩的海岸结构及其与欧洲各国和各大洲其他国家的特有相对位置。英国人的生活在各个方面都显示他们是岛国居民。他们的民族自豪感和古怪的脾气,他们对古老传统习俗的热爱和他们的创业精神,他们的穿衣、饮食和行为方式,所有这些都和他们的祖国是岛屿有着密切的关系。我们地球上只有日本和他们一样是个海中的国家,二者在各方面有着同等的感受。从面积和人口上看,两国也有类似之处,而从海岸结构发展看,只有希腊比英国和爱尔兰更为多样化。

根据土地和气候状况,老英国的东南各郡主要是农业,而西北各郡由于矿藏丰富而成为工业区。所以这个岛国的海岸由于有利的大洋位置,已成为英国商业的第三要素。重要的经商阵地就是海港。

英国三条海岸线的任何一条都有其独特的标记。在西边,有四条宽宽的海湾深入陆地。这些突出的岸滨,大多由坚硬陡峭的岩石构成,海浪无力对其攻击,正好像挪威、爱尔兰,特别是苏格兰的海岸,汹涌的波涛只能从它们旁边扫过。"从大海深处,含铁的黑色玄武岩浆以巨大的力量涌出。"卡尔·里特尔以诗人的感官这样描写英国西部海岸的原始状态,"大海一边的原始山峦,穿上它的屏障和吟唱的圆柱;从撕破和倒塌的大海咽喉里,飞出成千上万块礁石和奇形怪状的玄武岩岛屿;满是洞窟的小岛斯塔法就在它们中间;英国西海岸这些奇特的碎岩,以及占统治地位的玄武岩浆,从花岗岩的血管中喷射而出"。东海岸却相反,这里海岸平坦而绵长,向下倾斜于北海;诺克郡的海角、岩石和海湾,都以单一的线条向外突出。由石子、泥土、砂石、低地或石灰石组成的海岸,逐渐向大海深处扩展。宽阔的砂石海底,对外来船只是很危险的。所以在赫尔和伦敦之间没有一个海港,甚至没有较大的海盆供船只停靠。南海岸却集中了另外两个海岸特点。东侧是由石灰岩和黏土层组成的海滩。西侧的海湾,海底布满礁石,在海峡中间保留了很多原始礁石。在兰兹角,即康沃尔的西角,

有个别礁石露出水面。远洋船只小心翼翼地越过此地。有多少豪华客轮在此处变成残骸,有多少船只支离破碎地漂到岸边。岩石上的一座灯塔吸引了欧洲来客的最后目光。难道它的灯光会照亮大海的波涛吗?它的乘客还能看到自己的家乡吗?

大海是不列颠人心中的根基。他们在工厂车间和写字楼里勤奋劳动后,从大海中获得新生,就像传说中的阿喀琉斯从大地母亲那里获取力量一样。在英国,想抵达大海既不困难又不昂贵。从内地的任何地点到达海边,都不会超过 120 千米;两

兰兹角

XVII 英国的浴场

三个小时的火车车程足以达至任何一个海滨浴场。廉价的旺季车票和特价火车使得"小人物"也可以在星期天呼吸海洋的空气。东海岸有几处受人青睐的海滨浴场，其中豪华程度超过其他浴场的"北方浴场之王"斯卡伯勒就坐落于岩壁旁的露天剧场之中。这里风景如画。在八、九两个月中，这里的旅店人满为患，房间价格不菲，特别是海湾南部的酒店。这里有饮水疗法大厅——一座宫殿般的建筑，里面设有音乐厅、剧院和图书馆，全部是文艺复兴风格。楼前是一个可以休闲的大露台，楼下是一间可以避雨的厅阁。白天和晚上，在露台或广场上，在疗养院乐队的音乐声中，很多上层人士在这里出席裁缝或扫地女工最新的艺术作品展览，证明这里可以享受最高级的娱乐生活。当然，斯卡伯勒和英国大多数海滩一样，在布莱顿附近设有一个世界最美的水族馆。在几十个大玻璃缸中，向游人展示的有河鱼和海鱼、乌龟和鳄鱼。这里有宽阔而凉爽的洞室，为游人提供休息场所，他们可以在那里聊天、读报，或者欣赏音乐。

斯卡伯勒的成就也使邻近几个美丽的海港变成了时尚浴场。这也包括北方的惠特。它已废弃的教堂，曾是诺森伯兰郡的威斯敏斯特。当然还有南方的法利和布里德灵顿。沙滩是海滨浴场不可缺少的部分，蒂斯河口美丽的弗兰伯乐角和它奇特的礁石造型，也都是吸引游人眼球的热点。另外，很多地理学家和动物学家都可以从这段海岸线有所收获。稀有的奇岩怪洞和钟乳石中经常出现有趣的化石，但大多是彩色石层的沉积。落潮时在岸边散步，人们可以享受这奇特的大自然美景；行家在这里可以就近见到自然界的演变，看到我们的地球在亿万年间固体要素和液体要素的分离过程。惠特的黑玉成了重要的商品，早在远古时代就已加工成首饰，甚至在平常人的坟墓里也曾发现精致的黑玉项链。

泰晤士河河口盆地的南部海岸也"值得一看"。这里有肯特的白色礁石露出水面。红色屋顶的村庄隐藏在盆地和峡谷之中，偶尔有一条小河穿过海岸边缘。一座可以避雨的小教堂，一座城堡的废墟，还有一座灯塔，都是此处高地的亮点；耕地和果园，一直延续到礁石的旁边。距离马盖特不远的诺森伯兰就是马盖特和朴茨茅斯之间成百个这样映入眼帘的海岸奇景之一。这幅画面正是南英国海美丽的色调，它会给游人留下难忘的印象，不管他是从大陆乘船而来还是正在海滨浴场中呼吸大海的空气。

对于伦敦的小市民来说，没有比马盖特更好的地方了；这里和邻近的韦斯特盖特、布罗德斯泰斯和拉姆斯盖特一样，夏季挤满了来休闲的官员、商人、店主、退休人员和各地游民。想在几个星期里摆脱喧闹的城市生活，人们不用花费太多就可以享

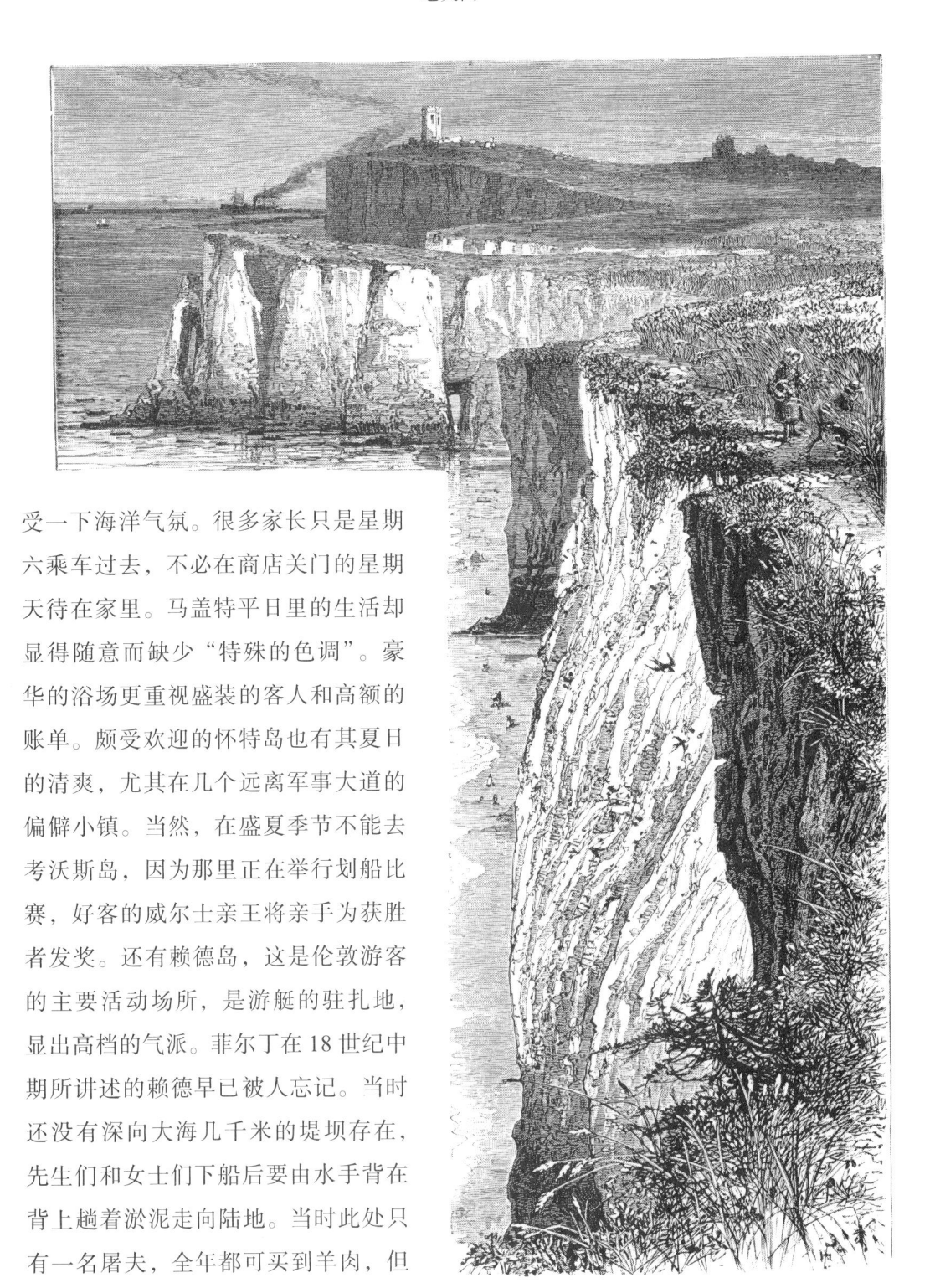

受一下海洋气氛。很多家长只是星期六乘车过去,不必在商店关门的星期天待在家里。马盖特平日里的生活却显得随意而缺少"特殊的色调"。豪华的浴场更重视盛装的客人和高额的账单。颇受欢迎的怀特岛也有其夏日的清爽,尤其在几个远离军事大道的偏僻小镇。当然,在盛夏季节不能去考沃斯岛,因为那里正在举行划船比赛,好客的威尔士亲王将亲手为获胜者发奖。还有赖德岛,这是伦敦游客的主要活动场所,是游艇的驻扎地,显出高档的气派。菲尔丁在18世纪中期所讲述的赖德早已被人忘记。当时还没有深向大海几千米的堤坝存在,先生们和女士们下船后要由水手背在背上趟着淤泥走向陆地。当时此处只有一名屠夫,全年都可买到羊肉,但肉牛"每年只能杀几次"。茶是这个

马盖特附近的诺特波兰海岸

岛上的居民几乎不认识的饮料。但赖德美丽的景致当时就吸引了很多作家，他们看到"大海和陆地每天都在举行婚礼"。这个兴旺的"花园岛屿"变成了现代化风格的别致的别墅区。这主要是奥斯本家族的功劳，他们宫殿般的宅邸，是女王在考沃斯最喜欢的住处。根据她夫君亲王的设计，这个外形几乎毫无修饰的建筑位于距大海不远的一块高地上。一座钟楼和一座诺曼式塔楼突出在建筑狭长的正面，建筑的另一侧是一个大平台，登台可以观看大海和陆地的景色。但与官邸本身相比，更为重要的是它的艺术宝藏。和温莎堡一样，与奥斯本有关的对其女主人的回忆更为重要。阿伯特亲王在这里为自己和他的家庭修建了一处休养殿堂，为大海和陆地造就一种幽雅。他在这里创建了模范经济园区，他的菜园至今还在供应这对伉俪的餐桌。奥斯本和对面朴茨茅斯之间的海湾，常有军舰出没供女王检阅。

在怀特岛的历史上，克里斯布鲁克城堡具有最重要的意义。罗马军团曾在这里驻扎，有遗迹作证。罗马人撤离后不久，撒克逊人就占据了本岛距北部海湾不远的高原地带。诺曼人修建的坚固堡垒的重要部分，是克里斯布鲁克城堡的城墙和塔楼，后来的英国贵族和君主又对其进行了修复。不幸的查理一世被囚在这里狭小的现在保存完好的监牢里达八个月之久，就在他把惠特赫尔送上断头台之后。他、他的子女和他的手下在怀特岛的苦难历史，提供了一部悲剧的丰富的素材。

这座"花园岛"之所以闻名世界，却不是它古今的浴场和贵族殿堂，而是怀特岛温和的气候和优美的风光。在东南海滨小镇文特诺，几乎没有对严冬的恐惧，越来越多胸肺疾病患者冬天来到这里治病。名医詹姆斯·克拉克先生把此处看作是英国的马德拉，向他的患者推荐。这里温和的海洋空气使南方的花朵盛开，甚至在圣诞期间还有山楂花开放。最近采取了一系列措施欢迎和关照患者的到来。这里有很多地方可以漫步，可以在"文特诺花园"，也可以从内陆走向大海。沿着海滨大道散步十分美好。不远处就是古老的邦彻奇，按照安诺尔特博士的说法，这是"热那亚彼岸最美的一片大海"。它的墓地引出了诗人雪莱的一段话："一人之死可以注入爱，假如我们能在这样一个可爱的地方被埋葬。"文特诺的西边，优雅的海岸风光就要让位给另一片独特的壮丽景观了。几百年来，这里 200 多米高的石灰岩，通过海水不断的冲击，以不规则的形状断裂于海中；它的上部长满了野生植物，下部形成了一个大平台。它的底层峭壁带着杂乱的岩石碎片，长满爱神木和蓝莓丛，它的海中峡谷和海中洞穴，都会让人产生特殊的感受，不管你是躺在明亮的夏日海边，还是坐在浓雾覆盖的岩石要塞上。南海岸尚无火车奔驰，前往弗雷什沃特和哈尔茅斯的道路也距离大海相当遥远，

怀特岛上克里斯布鲁克城堡的阶梯

怀特岛上的邦丘奇村

只有水路可以抵达"针眼"观看。三柱针尖似的石灰岩从水中突起，似乎直接连接了怀特岛西部的山峦。坦尼森勋爵在这田园般的寂静中建立了自己的乡间宅邸法灵登宫（距离弗雷什沃特不远），赋予这片风景某些特色，引起诗人对该岛风光的灵感，写出了下列诗句：

花园，浓浓的绿，被雪白的鲜花覆盖——
峡谷里森林在呼啸，周围就是温暖的海水。

谁要想了解这里独特的风土人情，就必须到诺曼各岛去看看。在泽西岛、根西岛和其他几个邻近的小岛上，古代和现代、罗曼和日耳曼语言及风俗习惯、南方风光和北方海景混合成为独具特色的整体画卷，使得马恩各岛及怀特岛统一了起来。和赫耳果兰岛、马耳他、塞浦路斯和直布罗陀一样，这些诺曼岛屿也是不列颠面对陌生海岸的前哨，这是中世纪英国和欧洲大陆关系的最后残余。必要时还得在法国面前保卫这些礁石。帝国的总督领导这里的最高行政机构，他有权召集"国家"，即泽西岛上52名议员和根西岛的37名议员开会，也有权否决议会的决议。官方语言是法语，老百姓讲一种夹带英国词汇的诺曼方言，而上层阶级当然会讲纯粹的英语。由于气候温和，有很多患者来这里就医，也有很多政治避难者、退伍军官和官员选择在这里长期居住。这里岩石上面都是肥沃的耕地，所以这里是畜牧、水果、谷物收获胜地。渔业和采石业也是这里工作岗位的来源。

泽西岛风景如画，无疑是欧洲一个受欢迎的旅游景点；在一个狭小的空间里，陆地和海洋融为一体，优雅而壮丽。在波特雷角观日出，在科比尔观海浪冲击灯塔，或者在老城圣赫利尔河谷里散步，都会给游者的眼和心带来欢畅。高高的玉兰树上开满鲜花，爱神木覆盖着宅邸的门窗，它们沿着壁炉的烟囱一直伸延到屋顶，而葡萄、无花果、西红柿，甚至柠檬和柑橘都在野外生长成熟。圣赫利尔是一个虽然居民不少却并不太美的城市，它的周围建满了别墅，英国的退休者很愿意在这里安度晚年，因为"在泽西岛上，想死都不容易"，一个英国医生赞美岛上的美好气候时发出这样的箴言。另外，历史学家也觉得这里有某些资料值得研究，特别是老要塞蒙托格尔。它建在一块岩石的顶端，面向大海，曾在英国历史上发挥过重要作用。人们甚至相信，这个要塞在恺撒时代就早已存在。这里的第二大岛根西岛树木很少，风景不如泽西岛美，只是它港湾的礁石长得比较疯狂，比如在礁石上竟然建有三座并列灯塔，为了从

XVII 英国的浴场

泽西岛的波特雷角

各个方向为前往圣皮埃尔首府的船只指路。法国著名诗人曾长期在这个建筑众多的城市避难,在欧维莱宅邸,多产作家维克多·雨果曾写过很多幻想文学作品,他曾在《大海的勤奋》中描写了根西岛海景阴暗的高雅。奥尔德内、赫姆、杰托和斯塔克这几个小岛都属于根西岛辖区,遵守这个"国家"的法律,但很少有渔民和农民在这里居住。这里的礁石有如灰色的盔甲环绕在绿野和河谷中间,就像我们本书插图所显示的那样。大海平静的时候,它才能显示出来。渔夫抛下了渔网,猎人跟踪着海鸥,而最好的收获则是画家们手中的素描,更何况阳光普照的白天里大海更是显得光辉灿烂。那些严肃的"针尖"立即从蓝色的夏空中站立出来。

诺曼岛斯塔克附近的岸边礁石

XVIII 老英国与海

不列颠人对英伦诸岛周围大海的仰赖，使他们天生就喜爱水上运动。除了划船比赛和海滨沐浴外，上万人沉湎的一种爱好，对大陆居民来说几乎到了不可理解的程度。拥有一艘帆船游艇或蒸汽游艇并成为皇家游船协会的会员，是提高自己身价的重要手段，就像在伦敦有一栋豪华别墅、在苏格兰有一块猎场和在考斯有一座行宫一样。拥有的游艇，并不是一艘只能在海岸边缘行驶的普通船只，而应是一艘远洋大船，装备一切可以想象的豪华设施，适合长期出航。在炎热的夏天顺便去一下挪威，严寒的冬季去一下地中海，绝不是少有的例外。越过大洋去狩猎灰熊或者射杀一头野牛当然是一次较大的行动，英国人一般都要邀请一些友人共同做一次这样的旅行。他们当然还要带上仆人、帐篷和上百种必需品。英国人水上运动的极限，当然是周游世界。一切都按照布拉西夫人所描写的模式：一艘豪华的三帆大船——"阳光号"，准备去周游地球的各个地方。诺曼霍斯特勋爵、他的善于写作的夫人和他的孩子们，包括小婴儿，以及他们的仆人、宠物、几位朋友和足够的船员都上了船。这是一艘很舒适的船，就像本书插图所显示的那样。

在各国都颇有影响的勋爵各方面的关系较多，同时也有足够的财力、时间去实现自己的兴趣和理想，想在海上像陆地上一样经历最美、最有趣和最宏伟的一切：陶醉在热带花朵的芳香中，在大草原上狩猎，参观奴隶市场和咖啡种植园，研究人种特征和赤道及安第斯山脉，在大溪地棕榈树下漫游，在茂盛的香草树丛中品尝牛排和香菇，在南海红色礁石上庆祝圣诞，参加日本第一列火车开通典礼，游览香料丰富的锡兰和在长长的旅途中观察从亚丁到苏伊士运河间的阿拉伯人生活。所有这些经历都将留下难以忘怀的印象：成千上万个大大小小的冒险及风波和意外，让每一天、每一周、每一月都像在梦中。这样在海上漫游并不只是一次昂贵的运动，远洋殖民地是英

"阳光号"的客舱

国世界地位的要素,是同其他国家竞争的砝码,必须培养和维护不列颠民族的勇敢精神,特别是要超越家乡的界限。首先要证明英国已在海上取得的优势,1886年在伦敦有500万人参观过的"殖民和印度展览"就是个证明。在这里不必有想象力就可进行一次世界旅行:从加拿大到新西兰,从开普敦到加尔各答,从马耳他到斐济岛。这不仅是一次英国展览,而且是用展台来吸引消费者:这是英国在世界各地创造力和占有力的生动的总体形象,这是一幅色彩缤纷和伟大的画卷,是任何地球上其他民族所无法展示的,它同样展示了英国子弟的民族意识和骄傲。老诗人奥利弗·戈德史密斯曾留下这样的话:

> 眼中闪烁着战斗的欲望,
> 每走一步都充满着自豪,
> 不列颠人走在这里,
> 他们是地球的主人。

今天,英国由于船只数量多、军事设施完善、海军强大,仍然统治着大海,但法

XVIII 老英国与海

国经过近几十年的努力，在某些方面已十分强大。只不过英国人由于天生是岛国及原有的习惯，对海比嫉妒心很强的邻国更为熟悉，也有更多训练有素的海军官兵。当然，为了保护殖民地，英国海军分布在世界各大洋中。帝国必须保持巡洋舰和钢甲船在东西两个印度群岛、中国和地中海及澳大利亚和北美驻守。只有它600艘军舰的一部分随时准备作战，防止它的海岸受到大陆列强的攻击。这些战舰的光

"阳光号"的卧舱

荣时刻是在伊丽莎白时期。1583年，当第一个殖民地建立的时候，女王即开始进行大规模军舰检阅，直到今天。与女王最亲近的，英国人能够想到的就是舰队，岛上没有一座纪念碑能比航海英雄纳尔逊的纪念碑更辉煌，它在伦敦的中心区高高矗立着。这位阿布吉尔和特拉法尔加战役的胜利者之所以受到人民的爱戴，不仅是他决定性地维护了英国的世界地位，而且也因为他的个人经历极具传奇性。这位牧师之子曾在所有大洋中作战：在科西嘉失去一只眼睛，在圣克鲁斯失去一条胳膊，在阿布吉尔头部中了一颗子弹，直到他作为"尼罗河男爵纳尔逊"进入贵族式的退休，住在伦敦附近的默顿阁。在同一个村庄，在他之前的托马斯·贝克特和虔诚的主教沃尔特·默顿曾在此度过晚年。纳尔逊的家中有一位女管家，那就是魅力无限的、美丽的汉密尔顿女士。她是一个女佣的女儿，很小就担负起儿童保姆、女佣和女仆的责任，直到她先是为一位妇人，后为一位船长，再后为一位艺术家和一位勋爵及其他对她有兴趣的主人服务，使她有机会受到各方面的教育，提高了身份。最后她接受老威廉·汉密尔顿先生求婚，跟随他到了那不勒斯的宅邸。她的夫君担任了英国公使。美丽的埃玛成了女王卡洛琳的亲信，在同那不勒斯签订同盟条约时她起了不小的作用，为祖国做出了个人牺牲。她对英国最著名的男人的热情崇拜，得到了补偿。她的女儿霍雷西亚接受了

汉密尔顿女士和纳尔逊勋爵

纳尔逊的姓氏，她本人把默顿阁变成了一座博物馆，为的是保留她对爱人的记忆。楼梯和墙壁上挂满了他的图像和荣誉奖章、旗帜等，甚至花园中的小溪也命名为"老纳"。在特拉法尔加战死以前，他曾嘱汉密尔顿和她的女儿要忠于祖国。他在战场上最后的口号是："英国等着吧，每人都将尽到自己的责任！"海军元帅被隆重地安葬在圣保罗教堂之中，而"绝望的埃玛"成为可怜的人，陷入负债的困境，在卡莱靠捡垃圾为生，最终于1815年死于贫困。她的寿衣是向邻近的女乞丐借的，墓地里连一个十字架都没有。

当英国进入蒸汽和大规模生产时期，第一届世界博览会（1851年）在英国举行并取得巨大成功。这以后很多企业都鼓起了勇气，在那个50年代，英国的霸主地位达到了顶峰。英国为印度和澳大利亚航线建造了"大东方号"——世界上最大的轮船。它的钢铁船体有204米长、24米宽和18米高，在甲板上从头走到尾，至少需要6分钟。此船重达23000吨，可以容纳4000名旅客，光船员就有400名。这艘巨轮在大海上很难听从舵盘的指挥，因其太大难于避免海难损失，这在它20次大洋穿越中已经得到证实。于是，它从客轮改成了货轮，具体任务是运送大西洋电缆，电缆的重量达到4500吨。在长时间昂贵的停运以后，一家法国股份公司又多次将其用作客轮，

XVIII 老英国与海

大东方号的船体

但一再出事。后来,轮船被拆解,船体有段较短的时间作为水上煤库。今天(1887年)经过30年的变迁,这艘大船在利物浦被拍卖,以低价又回到了一家英国—澳大利亚海运公司。

只要还有英国历史,大陆和这个岛国之间的易货交易就笃定特别发达。强大的国王海因里希二世早就希望与皇帝弗里德里希·巴巴罗萨(红胡子)在两国的臣民间"保持不断的和平与友好,保障商品相互交流"。还在几百年前,国王阿塞尔斯坦(英国国王)曾发布命令,任何英国商人只要乘自己的船只载货向远洋国家进行过三次航行就将被封为贵人(Thane)。在国王的保护之下,英国的贸易在历史的各个时期都分享过利益。同国家的自然资源、众多殖民地及工商业活动相结合,它很早以前就已控制了世界市场,要比那些威尼斯、比萨和热那亚的商人,以及西班牙人、葡萄牙和荷兰这些过去的海上霸主统治大海要长久得多。看一眼最新统计数字,人们就会吃惊地发现,英国和它的殖民地所拥有的 50 吨级或以上的帆船,是位居第二位的美国的 2 倍,100 吨级或以上吨位的汽船要比法国多 10 倍(不包括海岸船只)。世界贸易船队的蒸汽轮船,1884 年中期为 8433 艘,其中 5090 艘悬挂英国国旗;全世界所有帆船和轮船的运输能力，有一大半为英国远洋船只承担。

英国作为岛国，其贸易活动主要是用水路供应大陆国家，同参与世界贸易比重相比，它在运输上并不完全占有优势。在全球国家间进出口贸易每年650亿马克的价值中，今天大约有20%来自英吉利联合王国，13%来自它的殖民地。这虽然是个庞大的数字，但19世纪60年代整个英国在世界贸易中的份额明显下降，或者说海峡对岸及大洋彼岸的其他国家有了巨大的发展。

XIX 英国的商城和港城

英国的大港同时也是它的主要商业区，其内陆自然环境和重商活动的程度，决定了港城贸易的性质。东北部各郡的采煤业是不列颠国民福祉最早和最重要的源泉，但这"黑色钻石"的价值却很低，只占整个帝国出口的4%。泰恩和威尔两河流域的煤矿，由于距离大海较近，所以也就加倍的珍贵，更何况两条河的河口正好就在合适的港口附近，而且是一个宽阔的海岸。整个欧洲大陆没有任何一个港口像纽卡斯尔那样车辆往来频繁。几英里外，泰恩河下游的一系列市区、船坞和储货场，主要服务于出口煤炭，同时也加工附近矿井的金属配件。

纽卡斯尔（字面意思是"新要塞"）是征服者威廉的长子罗伯特于1080年建立的。它的名称"新要塞"就足以说明它与古老的罗马要塞不同，因其建在河边一个丘陵之上。这座带有城垛的四方形诺曼城堡是一座高大而毫无修饰的建筑，至今仍用于保存古物和社交活动。城中的尼古拉教堂早在500年前就是这座城市的地标：四座独立的十字穿棱就像是四盏"灯笼"，一座英国北部教堂所罕见的装饰性塔楼形成了这座古老城市街区的末端界限。但纽卡斯尔真正的奇迹，却是它架在泰恩河谷上的巨型桥梁，火车在上面奔驰，可前往对面的盖茨黑德，继而驶向达勒姆。大桥高于水面25米，车辆和行人在铁路下面一层类似回廊的通道中通过。第一台机车制造者的儿子和同事罗伯特·斯蒂夫森1849年领导建此桥梁，花费为1000万马克。由他父亲1828年建立的斯蒂夫森·爱恩工厂至今还在营业，人们可以在厂内亲眼看到一台机车从设计图纸到完成的全部过程。为感谢这位从矿山工人最后成为人类进步推动者的伟人，此城修建了一座纪念碑。同样，杀人大炮的发明者威廉·阿姆斯特朗也在附近的埃尔斯维克有一座自己的工厂，平均有4000工人在其中工作。

在古老丑陋、满是烟雾的南城，即沿河往北几乎接近大海的小镇北希尔德和南希尔德，是纽卡斯尔主要的造船中心。一家造船厂曾于1842年造出了第一艘钢铁船，几年以后又造出第一艘运煤船。这是一艘小型螺旋桨蒸汽船，方便装卸大量货物和快速将货物运往伦敦。返回时盖上盖子，防止海水进入船舱。这是真正的"哥伦布鸡蛋"！纽卡斯尔造船业十分发达，平均每年在泰恩造船厂制造的钢铁商船就达100艘。

去过纽卡斯尔的人会在邻近的威尔河口城市森德兰见到很多类似的现象。森德兰的历史和人口虽不能和纽卡斯尔相比，但高高架在威尔河上的链式吊桥却是一大景观。满帆的远洋大船可以从它下面骄傲地通过。船厂、船坞、储煤场和繁忙的河上交通让人想起这座煤炭老城。最近在河的沿岸兴起了新城韦斯特哈特尔浦。40年前它还只是一个海滨小村，今天却已发展成为一座可观的城市，有繁忙的贸易和40000居民。它的健康发展及其传奇般的经商故事，足以证明今日英国的生命力。

在众多河流中，泰晤士河除了河口地区，确实并不如在亨伯汇合的乌斯和特伦特两条河重要。乌斯河及其各条支流流经诺克大平原，沿途的奔宁山脉铁矿和煤矿同时是羊毛工业的主要产地；而特伦特河主要流经的工业地区涉及钢铁、煤炭和陶瓷制品，以及服装袜子工厂、酿酒厂、谷物和畜牧业地区。两河流域的多样经济和极力扩张所带来的工商业发展还通过另外一个因素得到加强，即两河同流入一个天然大港口，面对北欧各个大陆国家。有远见的国王爱德华一世在一次狩猎中来到流入这个港口的小河赫尔时，当即决定用这里附近的一所修道院进行交换，建立了"皇家赫尔"城，并于1299年颁布一条法令授予其很大权力，从而促进了首次的繁荣。很快，这座日益重要的城市修建了城墙、护城河和碉堡加以保护。14世纪时，这里只有一座古老的三一教堂，如今已被著名的哥特派建筑师斯科特全部翻修一新，要塞、围墙和城门早已不见。代之而起的是船坞及越来越多的民宅，它们包围了赫尔和亨伯河畔的市中心。这里的风光和建筑艺术及新城实际不值一提，赫尔甚至可以说是较大的港城中最没有格调的城市，但赫尔今天已很骄傲地成为英国第三大港。它背后居民所需要的小麦、麻籽、大麦、玉米、豆类、毛皮、瑞典钢、沥青、建筑木材等，使得赫尔的船坞装满来自俄罗斯、北欧和北德的货物。另一方面，附近县郡的棉布、金属制品、机器、锚链和锚、缆绳和船帆、煤炭、食盐和类似物品输往大陆。对机油的旺盛需求使得无数工厂为其生产。赫尔本身把俄罗斯麻籽用蒸汽机碾碎，生产出麻籽油再运出，麻籽榨油后的废料提供给诺克郡作为牲畜饲料。另外，赫尔也是伦敦附近英国东海岸客运交通最受欢迎的港口。它与克里斯蒂安尼亚、哥本哈根、柯尼斯堡、彼得堡、什切青、汉堡、不来梅、鹿特丹和安特卫普都设有定期航线，所以，人们坐在港口大坝上可以听到各种北方语言。

赫尔和伦敦之间辽阔的海岸虽然有不少港口，但都不适合新时代的大型船只停靠，最多像哈尔茅斯那样只能供渔船使用。几个世纪以前却不是这样，其中的一些城市也曾参与大城市之间的交通往来，例如科尔切斯特。此城如今却只是一个谷物和畜牧市场，但是它的牡蛎世界闻名，在恺撒时期就已如此。皇帝克劳狄在这里建立一座神庙和一座剧院。血腥战斗之后，不列颠人把这些罗马建筑毁于一旦。撒克逊人、丹麦人和诺曼人，贵族和主教，清教徒和王室成员经常用杀戮和纵火来争夺这座古城，但罗马的砖墙还保留着遗迹，就像此书插图表现的那样，它的灰浆抗住了18个世纪的风雨。毫无疑问，罗马的材料也用于宫殿的建设；它四英寸厚的城墙包围着一座比伦敦的白色伦敦塔还大一倍的城堡。今天的宫殿是"爱菲克斯考古研究所"，成为这座真正的英国城市发展历史的见证。

英国西海岸比东海岸更适合远洋大型贸易，当然伦敦除外。不管过去还是现在，西部的港口都比"德国海"的更为繁荣。麦考利在他著名的文章中就描写了200年前不列颠的状况，说伦敦附近的布里斯托尔当时是老英国一个相当大的城市，也是第一大港。不过以后发生了巨大的变化！历史可以追溯到罗马时期的老布里斯托尔。它当时是非常富有的城市，尽管有居民21万，但仍被英吉利联合王国的某些工业和贸易城市所超过。它早已停止贩卖奴隶，在西印度洋和北方海域的霸主地位受到多方的挑战。勇敢的航海者卡伯特的时代早已过去。他曾发现指南针的误差，也是他把哥伦布派到美洲大陆；商人威廉·坎宁格的时代也已经过去，他曾在400年前把900吨货物装船运走。人们很快就会把首次横跨大洋的事迹忘掉。1838年，大西方号轮船就是从布里斯托尔出发的。和大部分英国大城市一样，今天的布里斯托尔城也是分成各个不同的城区，其中"南城"位于埃文河畔，狭小而崎岖，但风景美好；而位于克里夫顿山丘上的"北城"则是一个现代化城区。河边船坞附近的商场主要经营朗姆酒和葡萄酒、食糖和烟草、棉织品和船上用品、鞋类和肥皂等货物。如果到布里斯托尔不是为了做生意，人们最多只能看一眼哥特式大教堂诺曼式唱诗班的走廊和附近的"十字架"，或者看一眼老坦普尔教堂的斜塔，或美丽的圣玛丽红砂教堂。富豪坎滕格15世纪捐建的这座教堂，以红砂石为基础（所以称为红砂教堂），采用的是高贵的垂直式风格（14—16世纪英国哥特式的一种风格）。登上布兰登丘陵，可以欣赏城市周围的风光；从阴暗的老城桅杆和房屋森林中，可以向下看到埃文河谷陡峭的峡谷，峡谷上方有一座险峻的桥梁横空而过。那里的下方，就是"热泉"洗浴中心；河的对面是一

科尔切斯特老宫殿和尼古拉教堂

片浓郁的绿色森林,而河的下游就是"夜莺河谷",以及其他一些吸引人的美丽景区。没有哪座欧洲桥梁可以和克里斯顿大桥相媲美:此地河道宽220米,大桥距离埃文河水面75米。

如果说亨伯河是羊毛业和羊毛制品的东方基地,那么西方的默斯顿就是棉花和英国贸易的基地。只不过这里的条件更为有利,已使其发展成为一个大港。切福郡的良田使它的产品输往威弗,而兰开斯特的手工业品利用欧威尔河送往默西河合适的水路。这对国内贸易很重要,再加上利物浦的中心位置,不仅对英吉利联合王国和爱尔兰重要,而且也对美国和远洋世界贸易很重要。直到19世纪,巨大的商品贸易和发达的交通工具才使得利物浦有了全面的繁荣,才有了几英里长的梅瑟蒂河畔崭新而美丽的沿河美景,给在这里登岸的外地人以英国强盛的印象。

罗马人出于对大海的少有的忌讳,把切斯特变成了不列颠西部的港口城市;只是在切斯特没落以后,利物浦才开始兴起。虽然在《末日审判书》中没有提到此事,但一个莫利诺伊克斯家族11世纪曾在这里占有一座城堡的事却有证可查。当时这个梅瑟河畔小渔村的名称还是Lyrpool、Litherpool、Liferpool。此处虽然有航海和贸易自由,虽然在海边生活的斯坦利家族和内地的城堡主人之间已经和解,但利物浦的发展仍很缓慢。它当时的全部资产仅是一艘小船和六名船员,而当时的布里斯托尔已有24只船和600名船员,赫尔有16艘船和466人。即使过了很久以后,这座城市也只有168栋房屋,12艘船只和75名船员。航行最远的距离,也只能到达比斯开湾。甚至在查理一世时期,它所支付的船只税也只有500马克,而布里斯托尔每年缴纳的税款已经达到20000马克。利物浦真正的兴起,是在1709年修建了第一座船坞,第一艘奴隶船前往非洲,以及不久后西印度群岛产品经过利物浦来到欧洲。朴实而古老的习俗越来越少,代之而起的是来自日内瓦的加尔文教派的严酷规则。小偷将被钉住耳朵钉在立柱上,然后被人用鞭子赶出城市,骂人的恶婆将被绑在凳子上沉入水底;每天晚上八点将敲响晚钟,九点以后单身汉、学徒和侍女不许出现在小巷中;教堂礼拜日必须吹哨和跳舞;刮好脸,穿长衣,议员方可进入会议厅;污蔑市长者将进入监狱。商业活动却比较宽松。18世纪中叶,利物浦贩卖黑奴的年营业规模为25000名,甚至城中的咖啡馆也在进行黑奴交易,尽管真正的黑奴交易是,利物浦装满曼彻斯特羊毛制品和谢菲尔德商品的船只开往奴隶海岸交换黑色的人口商品,然后越洋把奴隶卖掉,再到西印度群岛换成朗姆酒和食糖,最后在自己的祖国或其他欧洲大陆国家高价卖出。像克拉克森和罗斯科这样尊贵的男人早就反对用这种贸易获取利润，但反对未果，一直到19世纪初才由与东印度群岛和美洲的商品交易将其取代。蒸汽轮船的发明，使利物浦获得了一个大港口的领导地位。

城市的形象发生了变化，一片深入梅瑟湾的2000米宽的场地成了经济活跃的区域。它的东侧是半月形、有80万人口的利物浦，建有紧密相连的30到40座船坞；其对面是非常现代化的城市，有10万人口的伯肯黑德，而且自1886年建了一条隧道与利物浦相连。目光所到之处，可以看到船坞后面的港口街道、电车轨道、货客公交、仓储库房、商品、酒桶、箱子，一切都装满生棉、矿石、曼彻斯特布料、亚麻、黄麻、靛蓝、胭脂红、鸟粪、红木、皮革、生丝和千百种热带国家产品。码头旁连排修建的船坞

利物浦的梅瑟河上

XIX 英国的商城和港城

总长约40千米，覆盖200公顷水面，比伦敦分散修建的船坞更为宏伟。可以说，世界上没有哪个港口的设施可与利物浦相比。几乎每座船坞都装运自己独特的商品。皇家船坞的货仓中专门储存烟草，女王船坞的则是棉花和木材，维多利亚和特拉法加船坞专门接待爱尔兰船只，滑铁卢船坞主要装卸美国的粮食，使用的是阿姆斯特朗蒸汽吊车，而王子船坞则专供远洋客轮使用。白星、向导、印曼和阿兰公司的豪华轮船一艘比一艘更大、更舒适、更快捷、更时尚。每艘船就是一个小世界，当它们冒着蒸汽驶向远洋时，或从长时间危险的航行又重回家乡港口时，自是又一番景象。船坞附近和港口大街上经常人头攒动，商业活动频繁，忙成一片：手提大包的航海者心怀好奇，四处张望的刚果黑人、服装多彩的希腊人、黑眼睛的意大利人、会计算的苏格兰人、生活随意的爱尔兰人、年轻的商人、自信的船主、经历风雨沧桑的船长、脚夫、车夫、船员，所有人都急于奔忙。只有一个群体例外，即刚从远洋归来的水手，他们在寻找合适的酒馆和合适的伴侣。这

利物浦布朗公共图书馆

些在港口无所不在。

由于大家都心向港口，所以利物浦的建筑和人口也比帝国其他任何城市都稠密，人口密度比利兹大 9 倍，比伦敦大 3 倍。城内没有一处绿地，只是最近才在郊区建了几处公园，其中规模最大的是"新公园"，建设花费为 1000 万马克。但在世界贸易中所获得的财富，反映在勋爵大街和勇敢大街的豪华店铺中，以及教堂大街富丽堂皇的橱窗里，月亮大街的皇宫酒店里，乔治广场的纪念碑和几座宏伟的公共建筑上。富有

伯恩茅斯附近的海岸礁石

的市民一再用基金为他们的母城做出贡献，以弥补城市缺钱的短板。这里是威廉·布朗图书馆和博物馆圆柱大厅式的阅览室，这里是设备优良的油画廊，这里是医生、自然科学家、技术、考古和建筑艺术陈列馆。利物浦大学、谷物交易所、建筑上无法超越的证券交易所、税务局、科林风格的圣乔治大厅，所有这些都表现了市民的欣赏力、实用感和财富。只是城中250座教堂比较平淡，仅有几座新建筑带有一些哥特风格。与工商业城市相反的是，利物浦的政治生活尽管存在强大的爱尔兰因素，却趋向于保守派。在社会上，还是高尚的商人家族为主导，他们已在利物浦生活了几代人，年轻的工业贵族的父辈还都是普通棉织工人。利物浦发展成为世界大商城是19世纪的事儿。观察仔细的厄斯金勋爵说："这里的一切——巨额的财富和舒畅的心情，使一个大城市向上发展，使一个大国感到满意；所以这一切都是一批人从童年开始奋斗和久经考验的成果。"

老英国的南海岸面对大陆，是地理、历史和军事上最重要的沿海边界。它在脉岩结构上等同于法国的北海岸。在气候、植被及居民组成上，证明两岸在史前时期的相互归属性，比较平静的"海峡"当时不像今天这样宽阔，还没有形成国界线；甚至连名称"Land's End"和"Finistere"（分别为"天涯海角"的英语和法语译法），也绝不是偶然的一致。由于没有一条像样的河流流经南方的石灰岩高地，肯特和康沃尔之间没有发现任何矿藏，所以这里也就不可能出现工业城市，尽管有很多大多是用于军事目的的大港口。这里的商贸也就迁往坎墩和西海岸各个港城了。但是，由于气候温和、风光优美，这里出现了不少大大小小高级和普通的浴场，其中最新和最受中产阶级欢迎的，特别是受女士们欢迎的，是被一群云杉包围、位于石灰岩海边风景如画的伯恩茅斯。这座只有2万人口的小城，正想和邻近的怀特与辉煌的布莱斯通分道扬镳、各显其能。但为达到这个目的，还需要多少淡水流入大海！关于布莱斯通，查克莱曾说过："经常提起乔治四世国王，似乎已成一种时尚。但有多少万伦敦人应该感谢他，是他'发明了'布莱斯通！"快车只需80分钟就可以从伦敦把城市居民从世界大城的喧嚣中送到被宫殿包围的海滨来。确实，布莱斯通对某些人来说就是一种郊野，一种"海边的伦敦"，可以在业余时间前往，第二天早上再精神饱满地回到砖石楼群当中。沿着海边海滨大道可以前往浴场区域。那是一段伦敦的"西区"，均是豪华的建筑，华贵的店铺服务于高尚的居民。他们或步行、或骑马、或乘车，向阳光和人生的乐趣走去。要想直接享受海上的空气，就应该在一条堤坝上散步到大海当中；要想了解大海居民的生活，就应该去参观世界闻名的水族馆；要想到豪华的大厅去参

达特茅斯的街巷

加社交活动,就可以在"亭阁"中得到满足。这是当年"欧洲第一绅士"乔治四世为美丽的女士菲茨赫伯特所建的。布莱斯通的欢乐生活,曾激起我们父辈很多不满,但查克莱还是认为:"我们的世界大城有一位公认为最好的医生,他就是善良、快乐和充满激情的布莱斯通博士。"当前已是晚秋季节,在皇家大道上的酒店和别墅里是一片高雅而谦虚的气氛。这时已经没有布莱斯通的浴场生活,没有新鲜的天然环境,没有衷心的欢乐,也没有盛夏的绿色和森林的阴凉。

沿着海岸的各个小城市漫步,往往让人想起遥远的过去。古老的教堂和城堡及狭小的街巷和角楼房屋都可以作证,就像本书插图所展示的那样。我们今天不再留意的达特茅斯,狮心王理查德1190年曾率领一支舰队出征;14世纪,爱德华三世曾武装对抗法国,当时达特茅斯曾提供31艘船和757名水手献给国王。这是很久很久以前的事情。今天谁要是游览达特河畔的小高地,会看到这块老英国过去的战地今日已是繁忙的经济场所。

一批能干的人习惯于海岸的

福伊港入口

生活。这里海岸各地的渔民和船主像内陆老乡绅一样坚强而勤奋。除了与大海和礁石的永恒斗争外，几百年来掠夺和战争也在锤炼这里的人们。他们熟悉水性，就像大陆人熟悉父辈留下的土地。他们喜欢船上的钟声，也喜欢"险浪中生成的恶魔"。人们赞叹他们的勇气，"福伊的勇士"在礁石和海浪中找到家乡的港口。怀特岛和锡利岛之间岩石上的每一座灯塔当然也曾使某些船只倾覆，使某些英国或者外国大船在大浪中失事："能够抵达港口的是何等幸运，他们丢下了海浪和风暴！"

英国人从罗马人、撒克逊人、丹麦人和诺曼人的成功中获得经验，他们的国家无法对抗在岛上站稳脚跟的敌人。他们最好的保护伞就是大海，莎士比亚曾这样写道：

> 这个海岛就是堡垒，
> 来自天然海神之园，
> 围以无形的护栏，
> 汹涌的波涛和难以攀登的陡岩，
> 还有敌人车辆无法通行的浅滩！

只有从这个角度才能理解大海的优势。大部分英国人理解在海峡下面修一条隧道的计划。沃尔斯利将军、艾尔弗雷德·坦尼森勋爵、冯·阿尔吉尔大公爵等几个大人物企图阻止这一对民间往来有利的工程，主要是担心他们被海包围的祖国的安全。人们当然为强大的海岸防御做了必要的安排。只要海的深度和海岸结构使受到敌舰袭击成为可能的地方，特别是各大河的河口，都配备大型火炮，安放在钢铁转塔或装甲堡垒中，以对付危险的境况。南海岸是防御的重点，这里是敌人易于登陆的地方，而北部从来都是首战的区域，对此英国并不担心。在南海岸，800年前征服者威廉就为守卫黑斯廷斯、多佛尔、桑威奇、拉姆内和海斯修建了坚固的要塞，后来还增加了拉伊和温奇尔西。这些地方都享有很多特权，皇家任命的大法官和海军元帅始终是城市的领军人物。滑铁卢战役的胜者，除了名誉称号外，还终身享受特权，直到去世（1852年）。他之后就是帕默斯顿勋爵，而今天则是格兰维尔勋爵享受着"五港总督"的巨额收入。

一个时代有一个时代的习俗！当年威慑敌人的要塞今天已变成废墟，只有黑斯廷斯，特别是多佛尔还可以算是海港。大海的退让及其他邻近城镇的兴起把最后五座海

XIX 英国的商城和港城

港变得荒凉,已经使其成为陆地小镇,废墟周围有常春藤回忆过去。黑斯廷斯的名称还与诺曼人战役有关,那是一个历史的转折点。威廉大公爵率领600艘战舰和无数优秀骑士从诺曼底出发,并于1066年9月29日在黑斯廷斯以西的佩文西登陆。两地相距两个小时的路程,都是沙丘。10月14日,爆发了残酷的战役,最后以国王哈罗德英勇牺牲结束。为表示对敌手的尊重,或许战前有某种许诺,诺曼大公爵修建了战争修道院,并允许其中的"葡萄酒像水一样长流"。他本人为了自卫修建了黑斯廷斯宫,宫殿围墙就建在高高的石灰岩上。从上面看,城市和海湾尽收眼底。风景如画的海湾、松软的沙滩、可爱的森林河谷、与伦敦的距离不远,这一切使得这个黑斯廷斯逐渐变成深受人们欢迎的浴场。在伦敦常听人说没有任何海岸浴场像这里这样优越。这是个世界历史上值得留意的地方。

对不习惯海的大陆居民来说,多佛尔是合适的登陆港口,因为从卡利斯渡海,天气好时只需要一个半小时。这座古老的"永别城市"不很友善,既无防务措施又无起伏地貌。但高地上那座诺曼城堡,直到今天由于其建筑坚固和上

黑斯廷斯宫的废墟

百门火炮，仍是"一座国家殿堂和屏障"。老编年史上就是这样记述的。恺撒登陆以后，它一直是岛上最危险的据点。城堡的一些细节，其历史被专家看出甚至已经远在罗马时代以前。从多佛尔开始，1850 年在海底修筑的电报线路通往大陆。30 年过去，这个小小的尝试变成了通往世界的线路，旧金山、布宜诺斯艾利斯、开普敦、孟买、新西兰和横滨闪电般地联系到多佛尔和世界各地。这样一个地方当然要有诗人的印记。英国把火车隧道上面的岩壁称为"莎士比亚礁石"，以感谢诗人在《李尔王》中对这里风光的描写。

如果说多佛尔是登陆之门，南安普顿则是英国与地球各洲的客运和商运目的地。这座古老的船运城市就隐藏在怀特岛以北，两条河的河口之间 2000 年以来就与英伦岛国的命运紧密相连。其命运的起伏就写在老城上百块石头之中。走在南安普顿主街上，人们就会看到如画的街景，使人想起伦敦。街正中矗立的护门，在建筑艺术上超过首都的神殿护门。可惜的是，几条最大的轮船航线最近不再以南安普顿为起始港口，这在很大程度上使它的贸易遭受了损失。

六家帝国造船厂中最古老最重要的一家就在怀特岛对面的朴茨茅斯。它的设施来自海因里希八世时期的伍利奇，而查塔姆和希尔内斯的设备则是出自伊丽莎白时期。德文波特和彭布罗克则是 19 世纪初乔治三世时才建立起来的。和所有的军港一样，朴茨茅斯也加强了防御。正因为军舰是英国最强大的防御手段，人们发现造船厂是最容易受到攻击的目标，是帝国的阿喀琉斯脚踵，因而采取了相应的安全措施。海湾边的斯普连特和斯普西尔德的海岸全是钢铁和水泥的堡垒、炮台、地堡和防御工事，甚至在海水中也建有装甲塔楼，配备有火炮等武器。由朴茨茅斯和部分波特西、绍斯西和戈斯波特组成的城市，可看之处不多，贸易也不发达，一切都退居到全国最大的造船厂后面。当然，外来人只有在严格的监督下才允许进入。库房、工具房和车间，水上和陆上船坞，总体占地 130 公顷；人们可以看到 7 米长的船锚和各种武器、各种口径的大炮、可以装备 25000 名水兵的武器仓库、船用缆绳，以及大量的咸鱼、面粉、啤酒、面包、葡萄酒、朗姆酒、茶叶、可可等物资，以及巨型淡水桶，以供船只出海时使用。现在这一切都已机械化，蒸汽机或其他机器广泛使用，军舰上需要的各种滑轮、船用面包干、链条等，以及几百种军舰所需物品都由训练有素的工人制作和储藏。

德文波特的战船制造厂虽然规模比较小，但基本是朴茨茅斯造船厂的缩影。它和斯通豪斯及朴茨茅斯一起形成一大城区。这里和其他军港一样，设有 1000 到 2000 张

XIX 英国的商城和港城

朴茨茅斯港口

病床的医院供海军服役人员使用。英国知道应如何感谢"橡树之心（Eichenherzen）"在所有大洋中保护它的权势，在战时用大洋的水形成一座活动的城墙。

> 你是第二个伊甸园，半个天堂……
> 一首小小的赞歌，用银海写成……
> 我的福地，赞美你，我的英国！

XX 英国今天的世界地位

和对它的伟大诗人一样，每一个英国人心中都对老英国的优越性有一种偏爱。用正常目光看世界大都市伦敦并巡视海峡此岸和各郡。皮克特瓦尔的外来人肯定会同其他国家进行比较。因为他不想像地道的英国人那样把英国的贸易看得过于强大，把英国的废墟看得过于美丽，把英国人的道德水准看得过于优秀。尽管盎格鲁-撒克逊人具有求真和求实的品格，但不列颠人仍然很难理解教育、艺术、发明，甚至工商业活动的某些方面，他们最近却越来越被海峡彼岸所超越。当然，大不列颠在所有文明民族中仍处于先进地位。它的宪法稳定，是基于几百年努力所取得的成果；这些努力给人民带来自由意识和司法觉悟，给国家的法律带来尊严和稳定；王室和宗教没有经常更换，也没有公民间的争斗和战争，至今无人能摧毁这个坚固的社会体制。英语虽然不够响亮和形式丰富，但正因为如此，它很适合接受外国语言的成分。盎格鲁-撒克逊人的身体条件很容易克服外语发音的困难，接受外来语的能力很强，并能很快为陌生事物找到相应的表达方式而不影响自己语言的基本格局。不列颠人乐意学习外语，加之其贸易在全世界的扩张，英语已成为世界上最普及的语言。

不列颠人在世界上占有的土地也是我们地球上首屈一指的，俄罗斯由于其在亚洲的广袤土地而紧随其后。英吉利联合王国本土的面积相当于欧洲的1/30，地球陆地的1/420。但在它的旗帜下，它拥有地球1/7的土地和1/5的居民（部分只是松散的从属关系）。这还不算其海上的霸权势力，因它一直把这也看成是自己的财富。当然，数字不能说明一切。巴比伦、罗马和托莱多也曾是世界霸主的属地，但在新的民族冲突和时代变迁中未能永久保持；只有废墟还证明它们曾存在。殖民地的巨大规模使英国承担了沉重的义务。母国的保护到处需要得到维持，甚至在最遥远的地区。大的附属国要求独立，世界帝国开始瓦解，其没落的标志就是各参与竞争的霸权利用时机制造

XX 英国今天的世界地位

威尔士公主

骚乱。越来越多的舆论认为，今天的英国政策已成为毫无理想的地摊经济：不顾殖民地人民的福祉，为了所谓的真理、美丽和启蒙，英国奴役殖民地唯一的目的就是满足自己的利益。它最危险的对手就是沙皇俄国。沙皇的目标很明确，即几十年来力争进入公海和人口众多的亚洲。彼得大帝的梦想是用俄罗斯的十字架取代索菲亚教堂的新月标志。这一目的从来没有像现在这样接近。在伊斯坦布尔和赫拉特交织着几千年来民族交往的通道。尽管英国在直布罗陀、马耳他、苏伊士、塞浦路斯、亚丁及其他地方都有牢固的据点，尽管它的装甲舰队、慷慨的代理人和交往的技巧可以使其到处浑水摸鱼或显示高尚品格，但不列颠的强权不可能把多瑙河下游、东亚和印度河谷的俄罗斯前哨阵地消灭。这些前哨阵地可以看作是即将来临的小战役，反映了俄罗斯在黑海和里海巨大的国防措施，包括陆上和海上的。土库曼铁路、符拉迪沃斯托克的大型军港和俄罗斯军事公路上的里程碑都让人看到，它首先关注的是在亚洲的霸权。其结

威尔士亲王

果就是东方出现的凶神恶煞,它的每次抖动都会使西方爱好和平的人们震惊不已。

但"长臂矮人"仍在控制地球,毕竟英国比任何国家更是世界霸主。今天有谁能预见一年后的世界历史进程呢?为了未来,不列颠人还能看到王室继承人永恒的笑脸。这位威尔士亲王才华横溢,受过良好的中学和大学教育,去过美洲、巴勒斯坦、印度等地旅行,每年去访问大陆和与名人交往,具有渊博的世界知识。他可称之为帝国第一绅士,率领着英国的一批顶级贵族。他无疑是英伦诸岛上一位亲民的人物,尽管他有较长的青年时代,尽管他在巴黎、巴登巴登与享乐世界有着密切的联系。他与丹麦公主亚历山德拉于1863年3月结为伉俪,其婚礼受到民众的热烈庆祝。亚历山德拉是一位身材挺拔、高贵善良的女士,气质恬静而优雅,承担着很多公共义务。她说话很少,而这正是这位美丽夫人的优点;幸运的阳光并不总是照在她生命的旅程中;她不仅是王室继承人的夫人和子女的母亲,还是俄国沙皇的妹妹,以及各种高贵

XX 英国今天的世界地位

团体的成员,在欧洲公共场合显然起到一定作用,包括她与欧洲霸主们的个人关系。她性格开朗的夫君却正好相反,他没有把智慧的眼神隐藏在大政策当中,而是关注所有列强利益的相互关系,关注力量的平衡,也就是关注当前世界局势的发展。

当前是维多利亚女王的盛世,海峡彼岸的英国人都表现出健康的爱国情怀。不是武器的锋利,而是母国大自然的优势和成功的经济政策确保了英国的世界地位。不列颠人为祖国在国内外创造的奇迹感到骄傲。对这种骄傲,我们不应以狭隘的嫉妒心理对待,何况在我们的时代,各种国家和社会的传统手段正在逐渐瓦解,而英国却想长久保持自己的道德标准和民族性格,想保持他们心中的"老英国永存!"

图书在版编目(CIP)数据

老英国:十九世纪英国见闻录/(德)阿道夫·布伦内克著;王泰智,沈惠珠译.—北京:商务印书馆,2022
ISBN 978-7-100-20631-0

Ⅰ.①老… Ⅱ.①阿… ②王… ③沈… Ⅲ.①英国—近代史—19世纪 Ⅳ.①K561.4

中国版本图书馆CIP数据核字(2022)第018192号

权利保留,侵权必究。

老英国
十九世纪英国见闻录

〔德〕阿道夫·布伦内克 著

王泰智 沈惠珠 译

商 务 印 书 馆 出 版
(北京王府井大街36号 邮政编码100710)
商 务 印 书 馆 发 行
北 京 冠 中 印 刷 厂 印 刷
ISBN 978-7-100-20631-0

2022年3月第1版 开本787×1092 1/16
2022年3月北京第1次印刷 印张 11½
定价:88.00元